NEW YORK

マンハッタン&ブルックリン　レストランガイド

池城美菜子＝著

FOODIE

ニューヨーク・フーディー

KANZEN

WHAT'S FOODIE?

フーディーって何だろう？

　ここ数年で、ニューヨーカーの味覚は劇的に変わりました。「食」に対しての興味とチャレンジ精神が強まった、と言い換えてもいいかもしれません。美味しいものを食べるためなら遠くに出かけるのも、行列に並ぶのも辞さない。情報収集に熱心で、SNSでの発信も大得意。そういう人を「フーディー」と言います。訳すると「食通」だけど、とにかく食べることが大好きで、「グルメ」とは少々違う。グルメはニューヨーク・タイムズ紙の「イート」セクションを愛読して、お金に糸目をつけずに食事ができる、エリート意識の高い人。一方、フーディーは目新しいものが好きだけど、コスパも重視する庶民的なタイプ。ニュアンスとしては、「食いしん坊」が近いかもしれません。

　その楽しいムーブメントを、なるべくリアルに伝えたいと悩んだ結果、マンハッタンとブルックリンの二つの区だけを取り上げることにしました。面白い店が真っ先にオープンするエリアは決まっているため、偏りもあります。その代わり、ニューヨーカーが夢中になっている、支持率の高い店しか載っていません。「この発想はなかった」なサンドイッチやスイーツでびっくりしたり、味も雰囲気も最高の店で奮発したり、頑固に味を守っている老舗で気概を感じたり。お料理の背景についての解説もつけた、世界一の街を味覚でさらに楽しむためのガイドブックです。では、一緒に美味しいニューヨークをいだたきましょう！

ABOUT NEW YORK CITY
ニューヨーク市について

ファッション、アート、金融、国際政治の中枢がマンハッタン島。お隣のブルックリンは、アメリカ人全員の家系図を3代まで遡ると必ず誰かが住んでいたと言われる、合衆国の玄関口です。寒暖が激しくて住みやすくないのに、特別な磁気があるのか、すべてを引き寄せまくるビッグ・アップルへ、ようこそ。

NEWYORK FOODIE CONTENTS

2 WHAT'S FOODIE? フーディーって何だろう?

10 ニューヨークを美味しく食べるための基礎知識

12 本書の使い方

14 FOODIE'S KEY WORDS フーディー・ブームを読み解くキーワード

18 Chapter1 FOR THE MEAT LOVERS 肉食系で行こう

20 マイティ・クィンズ・バーベキュー[MH]

21 ダイナソー・バーベキュー[MH／BK]

22 ファティ・ソウ[BK]

23 ダックス・イータリー[MH]

24 バーガー・ジョイント[MH]

25 エミリー[BK] ブラック・タップ[MH]

26 セント・アンセルム[BK]

27 ベンジャミン・ステーキハウス[MH]

28 Chapter2 THE BEST BRUNCH, EVER 究極のブランチ

30 トムズ・レストラン[BK]

Column 街角のデリで卵料理を
オーダーしてみよう

32 ビッグ・ダディーズ[MH]

33 メルバズ[MH]

34 ピーチズ[BK]

Column サイドディッシュ豆知識

36 パイズン・タイズ[MH／BK]

37 スイート・チック[MH／BK]

38 サラベス[MH]

39 ダイナー[BK] ポルカ・ドット・カフェ[BK]

40 Chapter3 LET'S HIT TO-SEE-BE-SEEN PLACES! NY流 セレブ気分を味わう方法

42 ABCコシーナ[MH]

43 カフェ・ブールー[MH]

44 レッド・ルースター[MH]

45 ミス・リリーズ[MH]

46 サンティナ[MH]

47 Pick Up! ザ・トッド・イングリッシュ・フードホール[MH]

48 Chapter4 DIVE INTO THE MELTING POT 移民文化を食べ尽くせ

50 進化系イタリアン&ピザ

51 ラトゥージ[MH]

52 アル・ディ・ラ・トラットリア[BK]

53 スピーディー・ロメオ[MH／BK]

54 ポーリー・ジーズ[BK]

55 フランキーズ・スプンティーノ[MH／BK]

ベスト・ピザ[BK]

56 ディ・ファラ[BK]

57 トトンノズ[BK]

Column コニーアイランドの楽しみ方

58 ロマンティックなラテン料理

59 チャベラズ[BK]

60 バリオ・チーノ[MH]

61 ボゴタ・ラテン・ビストロ[BK]

62 カラカス・アレパ・バー[MH／BK]

63 オフレンダ[MH]

64 ユダヤ系デリカテッセン

65 カッツ・デリカテッセン[MH]

66 ラス＆ドーターズ・カフェ[MH]

67 マイル・エンド[MH／BK]

68 文化も学べるアフリカ料理

69 ジョロフ[BK]

70 クィーン・オブ・シバ[MH]

71 Pick Up! ザ・ボイル[MH]

72 刺激的なアジア系レストラン

73 ミッション・チャイニーズ・フード[MH]

74 カウイ[MH]

75 Pick Up! ザ・ハラル・ガイズ[MH]

78 チャイナタウン激安グルメ

76 シーアン・フェイマス・フーズ／ビャング！[MH]

77 パシフィカーナ[BK]

80 ラーメン・ブームはどこから？

81 モモフク・ヌードル・バー[MH]

アイバン・ラーメン[MH]

82 バサノバ・ラーメン[MH]

ジュンメン・ラーメンバー[MH]

83 チューコ・ラーメン[BK]

Column ポーク・バンズ問題

84 アール・オー・ケー・シー[MH]

ラーメン・バーガー[BK]

85 Pick Up! ペッパーズ・ジャークチキン[BK]

86 Chapter5 MUST CHECK! FOOD HALLS & GROCERY STORES
外せないフードホールと食品店巡り

88 スモーガスバーグ／バーグン[BK]

90 ザ・プラザ・フードホール[MH]

91 ディカルブ・マーケット・ホール[BK]

92 アーバンスペース・バンダービルト[MH]

93 グランドセントラル
ダイニング・コンコース[MH]

94 チェルシー・マーケット[MH]

96 ユニオン・スクエア・グリーンマーケット[MH]

Column 菜食主義に優しい街
ニューヨーカーの健康志向

98 ホールフーズ・マーケット[MH／BK]

99 トレーダー・ジョーズ[MH／BK]

ラス＆ドーターズ[MH]

100 サハディーズ[BK]

101 マーロウ＆ドーターズ[BK]

スティンキー・ブルックリン[MH／BK]

102　Chapter6　SANDWICHES THAT YOU WILL LIKE　ベスト・サンドイッチ

104　アリドロ[MH]

105　アンテームド・サンドイッチ[MH]

　　　ポーチェッタ[MH]

106　チーキー・サンドイッチ[MH]

107　デフォンテズ・サンドイッチ・ショップ[BK]

108　クリフ・ドッグス[MH／BK]

109　ヌンパン[MH]

110　ロブスター・ジョイント[BK]

111　ベドウィン・テント[BK]

　　　Column　ヒップホップとフーディー・ブーム

112　Chapter7　GUILTY PLEASURES AND THE CITY　甘く危険なニューヨーク・スイーツ

114　食べずに帰れないとっておきスイーツ

116　ドミニク・アンセル・ベーカリー[MH]

117　ベニーロズ[MH]

118　トゥー・リトル・レッド・ヘンズ[MH]

119　スポット・デザート・バー[MH]

120　ミアズ・ベーカリー[BK]

121　ザ・グッド・バッチ[BK]

122　ドウ[MH／BK]

123　ドーナツ・プラント[MH／BK]

　　　ダンウェル・ドーナツ[BK]

124　ピーター・パン・ドーナツ[BK]

　　　アンダーウエスト・ドーナツ[MH]

125　ブルックリン・ファーマシー＆
　　　ソーダ・ファウンテン[MH]

126　モーゲンスターンズ・
　　　ファイネスト・アイスクリーム[MH]

　　　アンプルヒルズ・クリーメリー[BK]

127　オッドフェローズ・
　　　アイスクリーム・カンパニー[MH／BK]

　　　スカイアイス・スイーツ＆セイボリー[BK]

128　マックス・ブレナー[MH]

129　ヌヌ・チョコレーツ[BK]

　　　ザ・チョコレート・ルーム[BK]

130　絶品スイーツおみやげ図鑑

132　Chapter8　RIDE ON THE THIRD-WAVE OF COFFEE
サードウェイブ・コーヒーの波に乗ってみる

134　グラウンド・サポート[MH]

135　ラ・コロンブ・コーヒー・ロースターズ[MH]

　　　バーチ・コーヒー[MH]

136　カルチャー・エスプレッソ[MH]

　　　アービング・ファーム・
　　　コーヒー・ロースターズ[MH]

137　ストンプタウン・コーヒー・ロースターズ[MH]

　　　ジョー[MH]

138　ブルーボトル・コーヒー[MH／BK]

　　　グリーン・グレープ・アネックス[BK]

139　ポートリコ・インポーティング・
　　　カンパニー[MH／BK]

140 Chapter9 CHEERS! THE CITY THAT NEVER SLEEPS 絶対安全 夜遊びガイド

142 ザ・キャンベル・アパートメント[MH]

143 フィグ19[MH]

エンジェルズ・シェア[MH]

144 プリーズ・ドント・テル[MH]

145 バター&スコッチ[BK]

Column ついに抹茶専門店
チャチャ・マッチャが出現

146 ブルックリン・ブリューワリー[BK]

147 ブラック・フォレスト[BK] ウッドワーク[BK]

148 ギャロウ・グリーン[MH]

149 トップ・オブ・ザ・ストランド[MH]

ザ・タイムズスクエア・エディション[MH]

150 ブルーノート・ニューヨーク[MH]

151 ソニーホール[MH]

New York City MAP

152 MAP別:エリア紹介 MANHATTAN マンハッタン

154 MAP別:エリア紹介 BROOKLYN ブルックリン

155 MTA SUBWAY GUIDE ニューヨーク地下鉄乗り方ガイド

156 **MAP** Ⓐ EAST VILLAGE / LOWER EAST SIDE / CHINATOWN
イースト・ビレッジ／ローワー・イーストサイド／チャイナタウン

158 **MAP** Ⓑ SOHO / WEST VILLAGE / CHELSEA / UNION SQUARE
ソーホー／ウエスト・ビレッジ／チェルシー／ユニオン・スクエア周辺

160 **MAP** Ⓒ MIDTOWN ミッドタウン

162 **MAP** Ⓓ UPTOWN(UPPER EAST/UPPER WEST/HARLEM)
アップタウン(アッパー・イースト／アッパー・ウエスト／ハーレム)

164 **MAP** Ⓔ DOWNTOWN BROOKLYN & NEIGHBORHOODS
ダウンタウンブルックリン&ネイバーフッズ

166 **MAP** Ⓕ WILLIAMSBURG / GREENPOINT
ウィリアムバーグ／グリーンポイント

167 おわりに

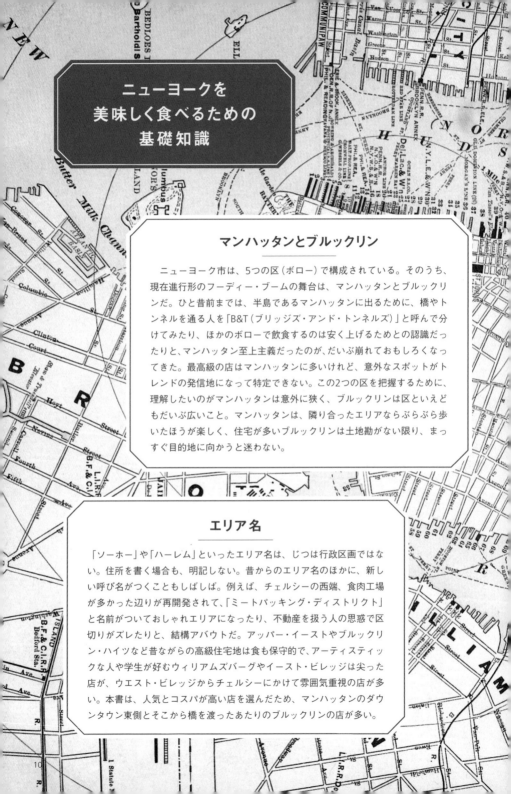

ニューヨークを美味しく食べるための基礎知識

マンハッタンとブルックリン

　ニューヨーク市は、5つの区（ボロー）で構成されている。そのうち、現在進行形のフーディー・ブームの舞台は、マンハッタンとブルックリンだ。ひと昔前までは、半島であるマンハッタンに出るために、橋やトンネルを通る人を「B&T（ブリッジズ・アンド・トンネルズ）」と呼んで分けてみたり、ほかのボローで飲食するのは安く上げるためとの認識だったりと、マンハッタン至上主義だったのが、だいぶ崩れておもしろくなってきた。最高級の店はマンハッタンに多いけれど、意外なスポットがトレンドの発信地になって特定できない。この2つの区を把握するために、理解したいのがマンハッタンは意外に狭く、ブルックリンは区といえどもだいぶ広いこと。マンハッタンは、隣り合ったエリアならぶらぶら歩いたほうが楽しく、住宅が多いブルックリンは土地勘がない限り、まっすぐ目的地に向かうと迷わない。

エリア名

　「ソーホー」や「ハーレム」といったエリア名は、じつは行政区画ではない。住所を書く場合も、明記しない。昔からのエリア名のほかに、新しい呼び名がつくこともしばしば。例えば、チェルシーの西端、食肉工場が多かった辺りが再開発されて、「ミートパッキング・ディストリクト」と名前がついておしゃれエリアになったり、不動産を扱う人の思惑で区切りがズレたりと、結構アバウトだ。アッパー・イーストやブルックリン・ハイツなど昔ながらの高級住宅地は食も保守的で、アーティスティックな人や学生が好むウィリアムズバーグやイースト・ビレッジは尖った店が、ウエスト・ビレッジからチェルシーにかけて雰囲気重視の店が多い。本書は、人気とコスパが高い店を選んだため、マンハッタンのダウンタウン東側とそこから橋を渡ったあたりのブルックリンの店が多い。

移動手段

地下鉄とバス、タクシーが移動の基本。ここ数年、貸し自転車の青いシティバイクも人気だが、30分以内にほかのステーションに返すのがルールなので、旅行者にはハードルが高い。ハーレムやブルックリン、クイーンズに行く際に覚えておきたいのが、ボロー・キャブと呼ばれる黄緑色のグリーン・キャブ。マンハッタンにイエロー・キャブが集中し、ほかのエリアでは白タクが多かったのを制限するための措置だ。セントラル・パークの北端より南のマンハッタンでは、乗客を連れて行けるが拾うことはできない。ブルックリンから移動する場合は便利だ。

レストランの形態、営業時間、予約方法

ブレックファーストとランチに特化したコーヒーショップやダイナーでない限り、高級店でなくてもランチとディナーの間に一度閉めて、メニューを変える店が多い。ミッドタウンやファイナンシャル・ディストリクトなどのオフィス街以外の中級以上のレストランは、平日は夜だけ、週末はブランチから営業するのが一般的だ。予約はインターネットが主流。レストランのホームページから、予約サイトのOpentable.comに飛べるシステムになっている。超人気店は1週間以上前の予約がいるので、旅行が1カ月前に近づいたらとりあえず予約してしまおう。予約を取らない人気店も多い。その場合は、直接行って名前を残し、近所で時間をつぶすことになるので、周りのカフェやバーも調べておこう。

値段の目安とチップ

セルフサービスの店でない限り、8.875％の税金と飲食代の15〜20％のチップがかかる。オーダーした合計の1.25倍、例えば40ドル分食事をした場合、支出は50ドル前後になると覚えておこう。10％だとサーバー（ウェイター／ウエイトレス）は自分のサービスに落ち度があったと捉えるし、バスボーイやバッサーと呼ばれる食器を片づける人たちもシェアーして収入源になるので気をつけたい。高級店は15〜18％でいいとして、一人当たり15ドルを切るところは少し多めに置くとスマートだ。カウンター形式の店ではいらないが、バーは必要。タイムズスクエア周辺など、観光スポットは予めサービス料としてチップが乗せられているケースがあるので、レシートをしっかり確認しよう。

本書の使い方

『ニューヨーク・フーディー』は、いま、ニューヨークで一番美味しいものを紹介する、というコンセプトを重視して、思いきってほかのガイドブックとは違う作りにした。章立てをエリアごとにせず、目的別にまとめてある。「ブランチのおいしい店を探したい」ときはChapter2を、「おしゃれなレストランでディナーをしたい」ときはChapter3を読んで、お目当ての店を絞り込もう。次に、行ってみたいレストランを見つけたら、巻末の地図（P156-166）で場所を確認しよう。マンハッタンは狭い上、地下鉄が発達しているので観光スポットと同じエリア内で食事することにこだわらなくても大丈夫。現在地を地図で見て、周りにどんな店があるか調べて、そのレストランの説明を読む、という逆引きもできる。

店紹介の見方

MAP 地図
掲載ページ数と地図上の店の番号。

住所
（　）内のbetはbetween（間）の略で、交差する2本の道を示す。bet Spring & Prince Stsはスプリング・ストリートとプリンス・ストリートの間。@は角に立っている場合で、やはり交差している通りを示す。

地下鉄（MTA）の最寄駅
丸囲みのアルファベットと数字が路線で、そのあとで駅名。徒歩圏内にいくつかある場合は、一番近い駅2つを掲載。

電話番号
212と646はマンハッタン、718と347がブルックリンを含むマンハッタン以外のボロー。

営業時間
24時間で表記。金曜日だけ閉店時間が遅い場合は、（　）内で記載している。定休日がない店が多く、何も書いてない場合は、1月1日と感謝祭当日（10月の第3木曜日）、クリスマス以外は無休。

値段の目安
一品当たりの値段と量を考慮して、2人以上で行って2、3品頼んで税金とチップを含んだ合計額を想定。

$=1人20ドル以内
$$=40ドル以内
$$$=80ドル以内
$$$$=80ドル以上

※値段表記は、2016年6月現在のものです。

エリア名
お店のあるエリアを示す。
[MH]＝マンハッタン　[BK]＝ブルックリン

住所の見方

[マンハッタン] 南北に走るのがアベニューで、斜めに突っ切るブロードウェイ以外は直線だ。アベニューとアベニューの間、1ブロックはだいたい徒歩5分。東西を刻むのがストリートで、ハウストンから北に1つずつ増える。それより南は番号ではなく名前。5アベニュー（フィフス・アベニュー）を境に東がイーストのE、西にウエストのWがついていて、番地が増えていく。EとW以外は同じ番地の住所が2つあるので注意。番地が大きいほど、マンハッタン島の端、川に近くなると覚えておくと便利だ。

[ブルックリン] ブルックリンにも東西南北を示す「SNEW」がついている通りがあるが、しばしば碁盤の目が崩れるので注意しよう。ダウンタウン周辺はフラットブッシュとアトランティック・アベニュー、フルトン・ストリートの3本の大きな通りの位置関係を把握するといい。ウィリアムズバーグならベッドフォード・アベニューとメトロポリタン・アベニュー、グリーンポイントならマンハッタン・アベニューといった地下鉄沿いの通りが、店が多く目安になるので、そこを意識して歩くとわかりやすい。

地図の見方

駅名の隣にあるのは、その駅を通る地下鉄のライン名。無料の地下鉄マップはどの駅でもすぐにもらえる。下記のMTAのサイトでもPDFで掲載されている。
www.mta.info

13

FOODIE'S KEY WORDS

フーディー・ブームを読み解くキーワード

BBQ
(BRISKET AND PULLED PORK)
ブリスケットとポークの
バーベキュー

何時間、ときには何十時間もじっくり火を通したバーベキュー料理を出す店が大人気。とくに家庭では手間がかかって調理しづらい牛の肩から胸にかけての部位のブリスケットと、豚のアバラあたりのリブが好まれて、ほかの料理にも応用されるように。ウォールストリート・ジャーナルの2015年の記事にも、ブリスケットの値段が過去2年で2倍以上になったとあった。私は、大人気シットコム『ビッグバン☆セオリーギークなボクらの恋愛法則』でユダヤ系エンジニアのハワードがしょっちゅう「母さんのブリスケット!」と言っているのも関係あるのでは、と睨んでいる。その前に流行った豚のリブ(カルビ)もさまざまな料理で活躍中。

SOUTHERN
COMFORT FOOD
サザン・コンフォート・フード

南部の料理のベースは、アフリカン・アメリカンが安い食材を美味しく食べられるように工夫して調理したソウルフード。フライドチキン、マカロニ&チーズ、カラードグリーンなどが代表的で、時流に合わせて健康的なレシピに整えたものが「サザン・コンフォート・フード(南部流おふくろの味)」とし

FOODIE'S KEY WORDS

て改めて脚光を浴びている。とくに、ワッフルにフライドチキンをどーんと乗せたチキン&ワッフルの専門店が大人気。ワッフルのシロップがチキンにかかっても気にしないどころか、最初からあえてかける甘党もちらほら。フライドチキンの衣にハチミツをつけるのは以前からあったが、最近はフレーバーのついたハチミツを直接つける食べ方も出てきた。

NEW CONDIMENTS
ニュー・コンディメンツ

ニュー・コンディメンツとは、新しい調味料のこと。料理中に使う調味料がシーズニングで、でき上がったものに足すタイプがコンディメントになる。ケチャップ、マヨネーズ、マスタードの定番に加え、新顔が続々登場。一番は、タイ出身のシェフがカリフォルニアで完成させたシラチャー・ソース。チリ・ソースを発酵させて酸味を加えたところ汎用性がアップし、いまやホットソース部門で全米No.1の売り上げ。マヨネーズとの相性もバッチリ。ブルックリン産のハチミツに唐辛子を入れたホット・ハニーも注目株。チキンやピザにかけると甘さのあとにピリッと辛味が効いて奥行きが出る。日本代表では、柚子胡椒が静かにエントリーしている。

FARM TO TABLE / SUSTAINABILITY
ファーム・トゥ・テーブル／サスティナビリティ

食の世界にも環境重視の精神が入ってきた。本来、「長く持たせる」を意味するサステーナビリティは、地球を長く持たせるために私たちに何ができるかを日頃から考える姿勢をも指す。食材をなるべく近郊から取り寄せるファーム・トゥ・テーブル（地産地消）を押し出したり、食材を余すところなく使うレシピにしたり、プラスチック以外のテイクアウト容器を使ったりする店が増えている。美味しいだけでなく、意識が高いことも、求められているのだ。

FOODIE'S KEY WORDS

CRAFT BEER & WHISKEY
クラフト・ビールとウィスキー

00年代後半ブワーッと増えて数年で消えたワイン・バーに代わって、クラフト・ビールとウィスキーを主力にしているバーが目につくように。クラフト・ビールはマイクロ・ブリューワリー（少量醸造）で作られた、日本の地ビールと同意語。ついでに、リンゴの発酵酒、ハード・サイダーもグルテン・フリー・ブームに乗って人気だ。全米で売り上げが伸びているウィスキーは、バーベキューとセットで楽しむのが正解。シナモンやハニーのフレーバー・ウィスキーも人気だ。ちなみに、バー形式に向いてなかっただけで、ワインそのものは根強い人気がある。

KALE
ケール

ヘルシー指向部門で相変わらず強いのがスーパーフードのケール。栄養素の高さに加えて、葉が肉厚で調理方法によって食感が変わるのも人気の秘密。一周回って「ケールはもう古い」とのスノッブな意見も出て来ているけれど、取材したレストランの多くのメニューにあったし、スーパーには堅い芯を取り除いて使いやすくカットされたケールが並ぶほど浸透している。ピクルスやキムチなどの発酵食品も流行りそうだが、こちらは日本のほうが進んでいるので割愛。

FOOD NETWORK & CELEB CHEF
フード・ネットワーク＆セレブ・シェフ

詳細かつ繊細に食を語るアメリカ人が増えた理由として、食の専門チャンネル、フード・ネットワークやリ

FOODIE'S KEY WORDS

アリティ番組の影響が大きい。まず、日本の『料理の鉄人』のアメリカ版が放映された後、勝ち抜き形式の『トップ・シェフ』が大人気に。お金持ちのライフスタイルをセレブと呼ぶのは、日本独自の解釈で、本来、セレブリティは単に有名人を指す言葉だ。以前は、セレブリティ・シェフと言えば、ダニエル・ブーレーや、マリオ・バタリなどファイン・ダイニング（高級店）のトップを指したが、最近はテレビ番組で人気を博したシェフも、セレブ・シェフのカテゴリーに入るようになった。必ずしも上位入賞者の店が流行るとは限らないのが面白いが、知名度があるので開店後のスタートダッシュはばっちり。SNSや口コミサイトで感想をシェアーするライフスタイルも、新しい店発掘のモティベーションになっている。食べ始める前にさっとスマホを取り出す人が増えている現象は、ニューヨークも同じだ。

DONUTS & S'MORE FLAVER
ドーナッツとスモア・フレーバー

スイーツも新しいトレンドがいくつか。「カップケーキ・ウォー」という物騒なタイトルのテレビ番組まであったカップケーキ・ブームの次は、ドーナツ。コーヒーと相性の良さから、朝食の最強タッグとして君臨したまま、ケーキ・レベルの凝ったフレーバーと食感にこだわった進化系が午後のお茶請けならぬコーヒー請けとしても大人気。フレーバーとして人気なのがスモア。グラハム・クラッカーに焦がしたマシュマロとチョコレートを挟んで食べる、キャンプファイアーのお菓子が、ケーキやアイスクリームのフレーバーとしてあちこちに登場。本家のスモアーよりずっと洗練されて、食べやすい。

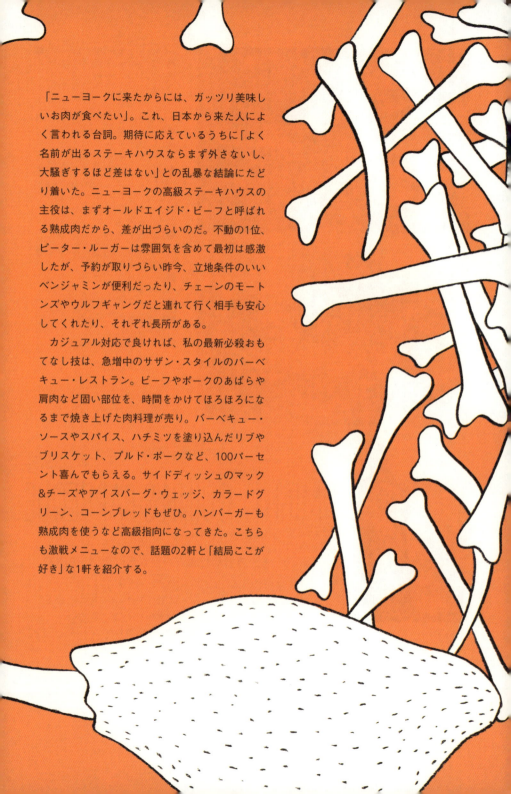

「ニューヨークに来たからには、ガッツリ美味しいお肉が食べたい」。これ、日本から来た人によく言われる台詞。期待に応えているうちに「よく名前が出るステーキハウスならまず外さないし、大騒ぎするほど差はない」との乱暴な結論にたどり着いた。ニューヨークの高級ステーキハウスの主役は、まずオールドエイジド・ビーフと呼ばれる熟成肉だから、差が出づらいのだ。不動の1位、ピーター・ルーガーは雰囲気を含めて最初は感激したが、予約が取りづらい昨今、立地条件のいいベンジャミンが便利だったり、チェーンのモートンズやウルフギャングだと連れて行く相手も安心してくれたり、それぞれ長所がある。

カジュアル対応で良ければ、私の最新必殺おもてなし技は、急増中のサザン・スタイルのバーベキュー・レストラン。ビーフやポークのあばらや肩肉など固い部位を、時間をかけてほろほろになるまで焼き上げた肉料理が売り。バーベキュー・ソースやスパイス、ハチミツを塗り込んだリブやブリスケット、プルド・ポークなど、100パーセント喜んでもらえる。サイドディッシュのマック&チーズやアイスバーグ・ウェッジ、カラードグリーン、コーンブレッドもぜひ。ハンバーガーも熟成肉を使うなど高級指向になってきた。こちらも激戦メニューなので、話題の2軒と「結局ここが好き」な1軒を紹介する。

[イースト・ビレッジ店] [MAP] P157 ❼
- 103 2 Ave (@E 6 St)
- Ⓕ 2 Ave ⑥ Aster Pl
- 212-677-3733
- 日〜木11:30-23:00、金土11:30-24:00

[ウエスト・ビレッジ店] [MAP] P159 ⓫
- 75 Greenwich Ave (@W 11 St)
- ①②③ 14 St
- 646-524-7889
- 日〜木11:30-23:00、金土11:30-24:00

[ブルックフィールド店] [MAP] 掲載なし
※ワールドトレードセンター裏
- 225 Liberty St (2nd Fl)
- Ⓡ Cortland St
- 月〜土11:00-21:00、日11:00-19:00

[アッパー・イースト店] [MAP] P162 ⓳
- 1492 2 Ave (@E78 St)
- ⑥ 77 St
- 646-484-5691
- 日〜木11:30-23:00、金・土11:30-24:00

$$ シングル(1人分) $7.95-
BBQ 1パウンド $19.80-
www.mightyquinnsbbq.com

自家製バーベキュー・ソースと生ビール$7。

[MH] Manhattan

MIGHTY QUINN'S BARBEQUE

マイティ・クィンズ・バーベキュー

ブリスケット大流行の理由がわかるチャンピオンBBQ

　フーディー・ブームのエース的存在のバーベキュー・スポット。ここは、とにもかくにもブリスケット（前股の内側にある肩ばら肉）だ。列に並んで必要な量をカットしてもらうセルフサービスのシステム。サンドイッチにもできるが、2人以上なら割安になる1パウンド（454グラム）をガツンと頼んで、チキンやプルド・ポークを少し足す感じでいい。自動的についてくるコールスローを箸休めにして、ひたすらビールとブリスケットを交互に口に運ぶのは至福の体験だ。最初の10分は必然的に口数が少なくなるほど、あっぱれなバーベキュー。写真の量を2人で完食したときのやり切った感は爽快だった。レストランというより食堂といった風情がまた、肉の塊vs自分という闘志を奮い立たせる。スモーガスバーグ（P88）の常連店。

[MH] Harlem / [BK] Gowanus

DINOSAUR BAR-B-QUE
ダイナソー・バーベキュー

ポークリブのフルラック(12本)。サイドディッシュ2種類がついて$29.95。

バイカーが始めた
セントルイス・スタイルのバーベキュー

　ニューヨーク州の州都、アルバニーで3人のハーレー・ダビッドソン野郎(ほめ言葉)がバイカー仲間のために始めたバーベキュー店が、30年を経て10店舗にまで成長。店の雰囲気は、ほぼディズニーランドのカントリーベア・シアターだ。ハーレムのハドソン川沿いにある店舗は平日でも30分待ち必至の人気店だが、席数が多いブルックリンの店はそこまで混まない。一番人気はセントルイス・スタイルのポーク・リブ。これをメインにサイドディッシュを足してもいいし、ほかの肉料理と組み合わせて2～3種類のコンボをオーダーするのもいい。エビをビールで煮たドランケン・シュリンプもおすすめ。肉料理は長時間燻すため、中がピンク色に仕上がっているが、火はしっかり通っている。ハーレム店では金曜と土曜の夜、パークスロープ店では木曜～土曜の夜にライブも楽しめる。

[ハーレム店]　MAP P163 ❶
🏠 700 W 125 St
🚇 ①125 St
📞 212-694-1777
🕐 月–木11:30–23:00
　　金–土11:30–24:00、日12:00–22:00

[ゴワナス店]　MAP P164 ❿
🏠 604 Union St (bet 3 & 4 Aves)
🚇 ⓡUnion St
📞 347-429-7030
🕐 月–木11:30–23:00
　　金土11:30–24:00、日11:30–22:00

$$ サンドイッチ/バーガー $11.50
　　BBQ $12.50–(サイドディッシュ付き)
※ハッピーアワー有
www.dinosaurbarbque.com

[BK] Williamsburg

FETTE SAU
ファティ・ソウ

仕入れ先のベストな
肉だけを使うバーベキュー店

　ドライラブ（Dry Rub）を押し出しているウィリアムズバーグの人気店。ドライラブとは、低温で肉を燻している間にソースを塗らずに塩とスパイスだけを刷り込み、樫やブナなどのウッドチップの香りを移して肉の旨味を引き出す方法。肉の仕入れ先にこだわっているため、供給される肉の種類によって毎日メニューが変わる。「丸々とした豚」というドイツ語を店名にしているだけあり、豚肉がとくにおいしい。紙を敷いたトレイに食べたい肉を乗せてもらう給食スタイル。1人分ならクォーター・パウンド（120グラム弱）を2種類とサイドディッシュひとつがちょうどいい。サイドディッシュはビネガーと粒マスタードの大人っぽいポテトサラダがおすすめ。バーボンとクラフト・ビールが充実したフルバーも魅力。大きな木のテーブルで食べると、屋外のバーベキューさながらの開放感を味わえる。

倉庫を改造したようなクールな店内。

MAP P166 ⓭
🏠 354 Metropolitan Ave
　　(bet Havemeyer & Roebling Sts)
🚇 ⒢Metroplitan Ave
　　ⓁBedford Ave
📞 718-963-3404
🕐 月〜水17:00-23:00
　　木／日12:00-23:00
　　金土12:00-24:00 (Bar-2:00)
$$ サイドディッシュ $3-
　　BBQ 1パウンド $23-
　　(1/4パウンド、
　　120gからオーダーできる)
www.fettesaubbq.com

22　Chapter1 肉食系で行こう

MAP P157 ③
351 E12 St (bet 1 & 2nd Aves)
Ⓛ 1 Av ⑥ Astor Pl
212-432-2825
日-木17:00-22:00
金土17:00-23:00
土日11:00-15:00 (Brunch)
$$$
www.duckseatery.com

[MH] East Village

DUCKS EATERY
ダックス・イータリー

スイカまでBBQする進化系

　やぎの首肉の丸ごとステーキ、メロンのバーガー、スイカのステーキ。2019年に「ベストBBQ、ニューヨーク」で検索をかけたら、複数のグルメサイトの上位に出てきたダックス・イータリーの人気メニューは変化球だらけ。「アヒル食堂」という名の通り、こぢんまりとした店構えながらアジアの食材を取り入れたり、ビーガンに好まれる料理が多かったりとトレンドの最先端を攻めている。セントルイス・スタイルのショートリブは肉厚でジューシーだし、じっくり火を通したスイカのステーキの甘さも絶妙。びっくりしたのが、揚げたてに海苔を巻いた真っ黒なフライドチキン。パリパリという音が飲み込む瞬間まで続き、衝撃だ。

[MH] Midtown

THE BURGER JOINT

ザ・バーガー・ジョイント

瀟洒なホテルに潜む
ハンバーガーの名店リーンの人気店

　真っ白いパーカー・ニューヨークの隅に赤いカーテンがかかっている。そこを開けると、別世界のような落書きだらけのバーガー店が姿を現す。このコンセプトが受けて、2002年のオープン以来、ニューヨーカーと観光客から愛されてきた名店。様々なバーガーを食べてきた私も、結局、ここのミディアム・レアのチーズバーガーが一番好きである。ハインツのケチャップをはじめ、バンズもピクルスもマスタードも、アメリカのスーパーなら必ず置いてあるブランドを使用。ただし、主役の肉はこだわっている。ブラックアンガス・ビーフを狭いキッチン内で挽いてパティにし、一切、味つけをしないでオーダーされた通りに焼く。理想のバーガーの正体は、ひたすらシンプルな基本形という事実が痛快だ。全部乗せは、レッドオニオンとトマト、レタス、ピクルスで、ベーコンのみ別料金。ミッドタウンで夜遅くまで開いているのもありがたい。

［パーカー・ニューヨーク店］　MAP P161 ⑨
🏠 119 W 56 St (bet 6 & 7 Aves)
🚇 Ⓕ 57 St　Ⓝ Ⓠ Ⓡ 57 St
📞 212-708-7414
🕐 日～木11:00-23:30、金土11:00-24:00

💲 ハンバーガー $8.93-
www.burgerjointny.com

24　Chapter1 肉食系で行こう

[BK] Clinton Hill

EMILY
エミリー

MAP P165 ⑱
919 Fulton St (bet Waverly & Clinton Aves)
Ⓒ Clinton-Washington Ave
347-844-9588
月–木17:30–23:00、(金–23:30)
土17:00–23:30
日12:00–15:00、17:00–23:00
$$ ピザ $12–22
エミリーバーガー $26
pizzalovesemily.com

ピッツェリアの熟成肉バーガーが大評判

　ブルックリンを横に突っ切るフルトン・ストリート沿いにあるピザ屋のハンバーガーが評判になっている。何しろ、本来はステーキにする熟成肉をミンチにしているのだ。ピザも美味しいが、主役は特製ソースが効いたハンバーガー。周りを見渡すと、オーダー率は100パーセント！ 平日は数が限られているので早めに行こう。

素材にこだわり抜いたエミリーバーガーは個数限定。

[MH] Soho Midtown

BLACK TAP
ブラック・タップ

[ミッドタウン店] MAP P161 ⑩
136 55 St (bet 6 &'7 Aves)
ⓃⓆⓇ 57 st 7Ave／ⒷⒹ 7 Ave
212-315-4356
日–木11:00–24:00、金土11:00–1:00

[ソーホー店] MAP P158 ㉚
529 Broome St (@ 6 Ave)
Ⓒ Spring St ⒶⒷⒸⒹⒺⒻⓂ West 4
917-639-3089
月–木11:00–24:00、金土11:00–1:00
日11:00–24:00
$$ ハンバーガー $14–18、シェイク $15–
blacktap.com

ド派手シェイクのオリジネーター

　ハンバーガーとクラフトビーフの主力商品のはずが、ど派手なミルクシェイクが映えすぎ、受けすぎてオープン以来、行列が絶えない。このシェイク、見掛け倒しではなくきちんと美味しいし、どこから攻略するか考えるという楽しみまである。バーガーのクオリティも高く、和牛を使った贅沢な一品もある。サイドはオレンジ色のスイートポテトのフライがおすすめ。

[BK] Williamsburg

ST. ANSELM
セント・アンセルム

MAP P166 ⑫
🏠 355 Metropolitan Ave
　(bet N 4 & Havemeyer Sts)
🚇 ⓖMetroplitan Ave ⓛBedford Ave
☎ 718-384-5054
🕐 月-金17:00-23:00（金-24:00）
　土11:00-15:00、17:00-24:00
　日11:00-15:00、17:00-23:00
$$ 前菜 $9-19.50、ステーキ $20-78
www.stanselm.net

美味しくて安いステーキを実現させた行列店

　大枚をはたかずに美味しいステーキを食べたい。そのわがままが叶うのが、ファティ・ソウ (P22)が近所に出したセント・アンセルムのブッチャーズ・ステーキ。20ドル以下の理由はシンプル。別名ハンガー・ステーキは、日本でサガリと呼ばれる安価な部位（横隔膜）だから。ハラミにあたるスカート・ステーキと並んで、アメリカのレストランによくあるメニューだけれど、「これならサーロインやリブアイなどの部位を買って自分で焼いた方がいい」と思うくらい固いケースがほとんど。でも、ここは例外。ちょうどいい脂の乗り具合で、柔らかい。オーブンに張りついているシェフの真剣な表情で、グリルもの全般が大評判の理由に納得。アペタイザーではワインで味をつけたタコが人気。サイドデニッシュには、スピナッチ・グラタンと周りを焦がしたマッシュ・ポテトがステーキとよく合う。6時前か、週末のブランチが比較的空いている。

ミディアム・レアのブッチャーズ・ステーキは口内でとろける柔らかさ。

天井が高く、広々とした店内。

MAP P161 ㉑
- 52 E 41 St
  (bet Park & Madison Aves)
- ④⑤⑥⑦Ⓢ 42 St Grand Central
- 212-297-9177
- 月-金7:00-23:00、土日11:00-23:00
- $$$$ ランチ／ステーキ $32-
  ディナー／ポーターハウス
  (2人分) $95.90
- benjaminsteakhouse.com

[MH] Midtown

BENJAMIN STEAK HOUSE

ベンジャミン・ステーキハウス

天井の高い優雅な空間でいただく熟成肉ステーキ

　クラシカルな雰囲気で肉厚のステーキを食したい。ニューヨーク観光の王道を、わりと簡単に成し遂げられるのがグランドセントラル駅の近くにあるベンジャミンだ。ピーター・ルーガーのシェフが立ち上げたステーキハウスとして2006年にオープン、本家に勝るとも劣らない味なのに予約は取りやすい穴場だ。メインの「ステーキ・フォー・トゥー（もしくはスリー／人数分）」はT字形の骨周りのポーターハウスのこと。トゥーでも日本人なら3人分はあるボリュームだ。もう少し軽くステーキを楽しみたい場合は、小さめのステーキがあるランチがいい。サーロインはポーターハウスと同じくらい脂が乗っているし、赤ワイン・ソースのフィレミニョンは上品でいい。サイドディッシュには、ほうれん草を生クリームと和えたトロトロのクリームドスピナッチがおすすめ。

THE BEST BRUNCH, EVER

Chapter 2
究極のブランチ

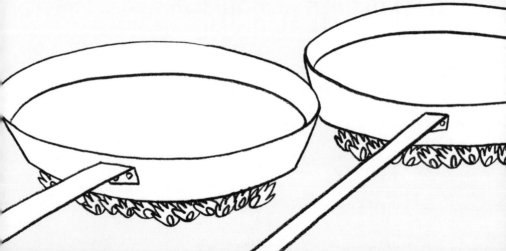

ブレックファーストとランチを兼ねる「ブランチ」の起源は、18世紀。朝から教会に行っていた人々が、帰りに朝食を兼ねたしっかりした食事を取ることから始まった。教会に行く人の間ではサンデーブランチの習慣は健在だし、平日はディナーだけ、週末はブランチのために日中もオープンするレストランがほとんどだ。定番メニューは、エッグ・ベネディクトやオムレツ、トゥー・エッグス・エニースタイルの卵料理、ワッフル、パンケーキなど。日本でブームになったパンケーキは、サイドメニューとして2枚だけ足すこともできる。卵料理やパンケーキは平日もブレックファースト・メニューとしてあるが、エッグ・ベディクトは週末だけのメニューになりがち。ソウルフードの代表格だったチキン&ワッフルの専門店も人気だ。ワッフル用のシロップをチキンの上からかける甘党もいれば、分けて食べる人もいる。

　ブランチ・カクテルとして飲まれるのが、スパークリング・ワインをジュースで割ったミモザやベリーニ、トマト・ジュースとウォッカのブラディマリーあたり。「ボトムレス・カクテル」として飲み放題の店もあるほど。ところで、なぜブランチが大切なのか。もちろん、週末の開放感が大きいけれど、気の置けない仲良しの人と一緒に行くからだと思う。友だちや家族がふつうで、異性の場合もデートし始めだとちょっと違う。少しオシャレはするけれど、ノーストレスで臨むもの。それが、ブランチだ。

[BK] Prospect Heights

TOM'S RESTAURANT

トムズ・レストラン

昔ながらのブルックリンにタイムスリップ

　創業1936年。カラフルでキッチュなインテリアに、安物の食器。オシャレな要素はあまりない。それでも、14種類のパンケーキや卵料理を目当てに、週末は建物を囲むように列ができる。フワッフワのパンケーキと焼き具合が絶妙なワッフルは、自家製のチョコ、苺、シナモンのフレーバーバター付き。たくさんの種類があるメニューはどれも間違いないが、基本のトゥー・エッグス・エニースタイルと、パンプキン・ウォルナッツ・ワッフル、クラブケーキ・フロレンティーン、ブルックリン発祥と言われるエッグクリームを推したい。クラブケーキ・フロレンティーンはイングリッシュ・マフィンの上にカニ肉のコロッケとほうれん草、チェダー・チーズを乗せた、エッグ・ベネディクトの進化系。エッグクリームは名前に反して卵は入っていない、ミルクとシロップを炭酸水で割った甘くて爽やかなドリンクだ。家族経営らしい温かいサービスと直球のアメリカン・フードを老夫婦からヒップスターまでが楽しんでいる様子は、まさにブルックリン。ディナーはなしで、夕方4時に閉まる。徒歩圏内のブルックリン・ミュージアムと組み合わせてみよう。シットコム『となりのサインフェルド』に出てきた、マンハッタンにある同名のダイナーとは無関係なのでご注意を。

上：エッグ・ベネディクトの変化形クラブケーキ・フロンティーン$12.50。
左：チョコ味のエッグクリームは見た目に反して爽やかな飲み口$3。

MAP P165 ㉒
🏠 782 Washington Ave (@Sterling Pl)
🚇 ②③Eastern Parkway
📞 718-636-9738
🕐 月-金7:00-17:00、土7:00-21:00、日8:00-20:00
💲 パンケーキ $6.45-11.50、卵料理 $5.15-12.50
www.tomsbrooklyn.com

COLUMN
街角のデリで卵料理をオーダーしてみよう

　デリカテッセンの略、デリは19世紀にユダヤ系やドイツ、フランスからの移民が同胞のためにオープンした食料店が起源。現在はイスラム系、韓国系、ヒスパニック系（スペイン語でボデガとも呼ばれる）など店主は様々だが、店構えはほぼ同じ。飲み物やスナックを買うのは初級、ベーグルやサンドイッチをオーダーするのが中級ニューヨーカーだ。卵とトースト、茹でたジャガイモを炒めたホームフライ、ソーセージかベーコンがセットになっているトゥー・エッグス・エニースタイルは朝の定番。卵は、スクランブルエッグ、目玉焼きなど調理法を指定する。目玉焼きはフライドエッグで、片面焼きがサニーサイドアップ、両面焼きがターンオーバー、半熟がオーバーイージー。写真は、近所のデリで「卵はチーズなしで」と言ったら、トーストをチーズサンドにしてくれたグッジョブ・パターン。女性なら、2人で分けてちょうどいい量。デリはビールを1本だけ買えて便利だが、イスラム系の店は宗教上の理由で置いていないので注意。

[MH] Gramacy
BIG DADDYS
ビッグ・ダディーズ

MAP P159 ⑩
🏠 239 Park Ave S (bet 19th &20th Sts)
🚇 L N R Q Union Sq
📞 212-477-1500
🕐 月-木8:00-24:00、金土8:00-2:00
　日8:00-23:00
$$$
www.bigdaddysnyc.com

80年代なダイナーでトッツを頬ばろう

　洋画やドラマ好きなら1度は行ってみたいのが、昔ながらのダイナー。健康志向と家賃が上昇したため、歴史あるダイナーでも店じまいするケースが多いなか、ユニオンスクエアの南東という絶好のロケーションで、直球のアメリカン・フードで勝負しているのが当店。熱々のバナナ・チョコチップパンケーキはシロップがいらない甘さだし、ハンバーガーやチキンサンドイッチも大口開けてかぶりつくしかない高さ。朝早くから夜中まで開いているのも、頼もしい。絶対食べてほしいのが、ハッシュドポテトをさらに細かくした、サクサクカリカリなトッツ。アメリカ人が子どもの頃から親しんでいるジャガイモ料理だ。80年代をテーマにしたポップな内装も気分が上がる。

32　Chapter2 究極のブランチ

メイソン・ジャーをコップ代わりにするのは、実は南部の風習。

[MH] Harlem

MELBA'S メルバズ

MAP P163 ④
🏠 300 W 114 St (@Frederick Douglass Blvd)
🚇 Ⓑ Ⓒ 110 St
📞 212-864-7777
🕐 月-金17:00-23:00　土10:00-15:00、17:00-23:00
　 日10:00-15:00、17:00-22:00
$$ 卵料理 $7.95-9.95、パンケーキ $7.95-13.95
　 チキン&ワッフル $14.95、カクテル $8-
　 www.melbasrestaurant.com

進化したソウルフードをハーレムで食す

　アメリカのコンフォートフードの土台は、南部のアフリカン・アメリカンが作ったソウルフード。その調理法をヘルシーにして、洗練させたサザン・コンフォートフードが改めて脚光を浴びている。ハーレムにあるメルバズを始めたメルバさんは、長らく「クィーン・オブ・ソウルフード」として君臨していたシルビアズの故シルビアさんの姪。ハーレムでも危ないと言われていた地域に10年前にオープンして以来、周りの活性化に一役買っている。テレビ番組のコンテストで優勝したサザン・フライド・チキン&エッグノッグ・ワッフルは、さすがの味わい。グレービーをかけるタイプ（スマザード）もあるのが珍しい。キャットフィッシュ（ナマズ）のフライは、身がフワッとして魚好きの日本人でも満足できる。ディナーは、大人っぽいデート・スポットに変身するため、夕方早めに来て、色のきれいなカクテルを頼むのもいい。

[BK] Bedford Stuyvesant

PEACHES ピーチズ

スパイク・リー作品とシンクロ

　マンハッタンを舞台にした映画を撮らせたらウディ・アレンが、ブルックリンならスパイク・リーが一番だと思う。スパイクの初期作品の舞台は、生まれ育ったベッドスタイからオフィスのあるフォートグリーン辺り。ジェントリフィケーション（高級化）が著しいエリアで、ブラウンストーン建築の端正な街並みが消えつつある中、このピーチズのあるユティカ・アベニュー駅周辺はまだ昔ながらのブルックリンを偲べる。椅子の座り心地、選曲ともに芸術家肌の友だちの家に招かれたみたいで居心地がいい。平日でも、サザン・コンフォートフードをベースにしたブランチ・メニューとシーフードが食べられる。大人気のジョン・ケイド・ブレックファーストはグラノーラをまぶして食感をサクサクにしたフレンチトーストと卵、ベーコンとポテトで満足度が高い。もっとも、見ものはそれこそスパイクの映画から抜け出したような、年齢問わず、がんばらなくてもヒップな地元民のお客さんだ。予約を取らないので、週末のブランチは待ち時間覚悟で。

Chapter2　究極のブランチ

MAP 掲載なし
※ダウンタウン・ブルックリンからACラインで15分

393 Lewis Ave
（bet MacDonough & Decatur Sts）
Ⓐ Ⓒ Utica Ave
718-942-4162
月〜土11:00-16:00、17:00-22:00（金土-23:00）
日10:00-16:00、17:00-22:00
卵料理 $10-15、
　サンドイッチ $12-15、メーン $17-20
www.peachesbrooklyn.com

トウモロコシのお粥、グリッツとエビの定番メニュー $18。

COLUMN サイドディッシュ豆知識

バーベキュー・レストランもソウルフードも南部料理なのでサイドディッシュは共通している。主だったメニューを解説しよう。

[カラードグリーン]
ケールと並ぶ人気野菜の煮つけ。本来は七面鳥や豚の細切れと煮込むが、健康志向が進んで肉抜きの店が増えた。

[マカロニ&チーズ]
通称マック&チーズ。名前の通り茹でたマカロニを牛乳と数種類のチーズに絡めた、子どもに大人気のメニュー。

[コーンブレッド]
トウモロコシのパン。独特の風味と食感でくせになる。

[アイスバーグ・ウェッジ]
4等分に切ったレタスにブルーチーズのドレッシングをかけたサラダ。ベーコンのトッピングが一般的。

[ブラックアイド・ピーズ]
人気ヒップホップ・グループと同名の煮豆。南部では縁起物として元日に食される。ピリ辛で美味しい。

[MH]Lower East Side [BK]Williamsburg

PIES-N-THIGHS パイズン・タイズ

チキン&ワッフル人気を決定づけたかわいい店

　シンプルな料理でも、素材を吟味して本腰で作るとここまで美味しくなるというお手本のような優良店。店名通り、パイやビスケット、ワッフル、調味料は控えめながら隅々まで味わい深いフライドチキンが売り。大麦のワッフルにフライドチキンがふたつ載ったチキン&ワッフルと、フライドチキン3つと大きめのビスケットにサイドディッシュ1品のフライドチキン・ボックスが主力メニュー。これらを全制覇するために、ボックスにしてワッフルを1枚だけサイド扱いで足す裏技もある。ワッフルには、チキンやターキーと相性抜群でサンクス・ギビング・ディナーの定番でもある、甘味のないクランベリーソースが添えられている。騙されたと思ってチキンと一緒に口に入れてみてほしい。専門店に混じって「一番美味しいドーナツ」ランキングに入るドーナツはおみやげに。

[ウィリアムズバーグ店]
MAP P166 ⑮
166 S 4 St (@Driggs Ave)
J M Z Marcy Ave
347-529-6090
月-金9:00-24:00
土日10:00-24:00
（16:00-17:00はクローズ）
サンドイッチ $5-14
チキン&ワッフル $13.50
チキンボックス $14.5　0
ドリンク$3-
piesnthighs.com

右：サイドディッシュとして1枚だけワッフルをオーダーできる。

[MH] Lower East Side [BK] Williamsburg

SWEET CHICK
スイート・チック

**ラスティック・シックな空間で
フライドチキンを堪能**

ワッフルはクラシックのほか、ベーコン&
チェダー、ドライ・チェリー、ローズマリー
&マッシュルームなどのフレーバーがある。

［ローワー・イーストサイド店］　MAP P157 ⑳
🏠 178 Ludlow St (@E.Houston St)
🚇 (F)2 Ave
📞 646-657-0133
🕐 月-金11:00-2:00、土日10:00-2:00

［ウィリアムズバーグ店］　MAP P166 ⑨
🏠 164 Bedford Ave (bet N 7 & N 8 Sts)
🚇 (L)Bedford Ave
📞 347-725-4793
🕐 月-金11:00-2:00、土日10:00-2:00

$$　ブランチ $7-18、
　　ディナー $17-26、カクテル $12
※どちらも16:00-18:00はメニューが限られる。
ブルックリン店は予約不可。
sweetchicknyc.com

　ひよこを意味するチック (chick) は、転じて若い女性を指す言葉。例えば、ラブコメは「チック・ムービー」とも言われる。つまり、スイート・チックは「かわいいひよこちゃん」と「かわい子ちゃん」のダブルミーニングだ。味は絶対保証で、悪天候でも行列ができるほど。衣がカリカリで中はしっとりのチキンとベルギー風ワッフルのチキン&ワッフルがとにかく有名。平日もブランチメニューがあり、夜はディナーでもワッフルが食べられる。インテリアは流行のラスティック(カントリー風)・シックで参考になる。1周年にウータン・クランのレイクウォンがパフォーマンスしたり、ジョーイ・バッダスがカレー・チキン&ワッフルを考案したりと、ヒップホップ寄りの店でもある。

[MH] Manhattan

SARABETH'S サラベス

朝食の女王に表敬訪問

　隣の席に運ばれてきて、よく知らずに「同じのをください」と注文してみて衝撃を受けて以来、エッグ・ベネディクトが大好きだ。メニューにあれば真っ先に頼み、あちこちで食べてみた結果、正統派で間違いがないのがここ、サラベス。マンハッタンに5店舗、東京に3店舗、大阪に1店舗ある超有名店。ニューヨークでは、57丁目を挟んでセントラルパークの向かいにあるセントラルパーク・サウス店がおすすめ。室内なら天窓がある奥の部屋がとくにいい。スモークサーモンの量、オランデ・ソースに散らされた赤と緑のペッパー、卵の半熟具合。ホテルの食べ物に通じるお行儀の良い仕上がり。パンケーキはバターと塩味がしっかり効いたこれまたオーソドックス派だ。夜はブロードウェイ観劇の前に便利なプリフィクス（コースメニュー）のディナーがある。

[セントラルパーク・サウス店] MAP P161 ❶
🏠 40 Central Park South 59 st
　(bet 5 & 6 Aves)
🚇 Ⓕ57 St
☎ 212-826-5959
🕐 月-土8:00-23:00、日8:00-22:00
　※ハッピーアワー有

[アッパー・イースト店] MAP P163 ❻
🏠 1295 Madison Ave (@E 92 St)
🚇 ⑥88 St
☎ 212-410-7335
🕐 月-土8:00-22:30
　日8:00-22:00

[パークアベニュー・サウス店] MAP P161 ㉛
🏠 381 Park Ave South (@E27 St)
🚇 ⑥28 St
☎ 212-335-0093
🕐 火-土8:00-23:00
　日-月8:00-22:30

[トライベッカ店] MAP P158 ㊶
🏠 339 Greenwich St (@Jay St)
🚇 Ⓘ Franklin St
☎ 212-966-0421
🕐 月-木8:00-22:30、金-土8:00-23:00
　日8:00-22:00
　※ハッピーアワー有

[アッパー・ウエスト店] MAP P162 ❼
🏠 423 Amsterdam Ave (bet W 80 & 81 Sts)
🚇 Ⓘ79 St ⒷⒸ81 St
☎ 212-496-6280
🕐 月-日8:00-22:00

$$ 卵料理 $19-23
　　パンケーキ／ワッフル $20
　　メーン $19-31
sarabethsrestaurants.com

上：サーモン・エッグベネディクト$23。
下：バターミルク・パンケーキ$20。

38　Chapter2　究極のブランチ

[BK] Williamsburg

DINER ダイナー

MAP P166 ⑰
🏠 85 Broadway (@Berry St)
🚇 J M Z Marcy Ave
   L Bedford Ave
📞 718-486-3077
🕐 月–金11:00–17:00、
   18:00–24:00(金-1:00)
   土日10:00–16:00
   18:00–24:00(土-1:00)
💲 $10–30 (日替わり)
dinernyc.com

車両を改築した不思議な空間

オーガニックな食材を使ったニューアメリカンを打ち出して、ウィリアムズバーグの食文化を牽引しているマーロウ&サンズの系列店。メニューは日替わりだが、絶品のエッグ・サンドイッチとバーガーは大体ある。列車の車両を使ったインテリアが楽しい。

ベーコンもマヨネーズも自家製の
エッグ・サンドイッチ$12.50。

MAP P166 ⑤
🏠 726 Manhattan Ave
   (bet Meserole & Norman Aves)
🚇 G Nassau Ave
📞 718-349-2884
🕐 夏7:00–21:00 (日8:00〜)
   冬8:00–20:00
💲
polkadotgreenpoint.com

[BK] Greenpoint

POLKA DOT CAFE ポルカ・ドット・カフェ

じんわり優しいポーランドの家庭料理

「リトル・ポーランド」と呼ばれていたグリーンポイントで、かわいらしい「水玉カフェ」を見つけた。デリ形式のカフェなので、テイクアウトかイートインかを伝えてから、ショーウィンドウに並べられた食材からオーダーしよう。おすすめは、ひき肉と米が入ったロールキャベツとポテトのパンケーキ。優しい口当たりながら、寒い国の料理らしく塩分が強いのでしっかり食べた気になる。

39

LET'S HIT TO-SEE-BE-

「セレブリティ」は、本来、有名人を指す。日本では「優雅な生活をしている人」も含むので、有名シェフの店や著名人が集まる店、「セレブな生活」のイメージに合う店を紹介する。フーディー・ブームの原因として、00年代からテレビを席巻しているリアリティ番組と、レストラン業界の相性が抜群にいいことが大きいと思う。シェフがコンテスト形式で闘う番組は視聴率が高く、審査員級のシェフはさらに有名になり、目立った出場シェフはキャリアに弾みがつく。視聴者は料理の知識を増やし、審査員気分で新しい店や食べ物に臨むのだ。シェフだけでなく、レストラトゥアーと呼ばれる経営者も話題になる。

　セレブリティと人気店の関係を示す、「to see,

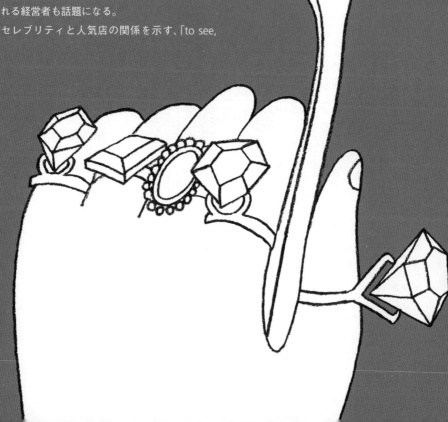

SEEN PLACES!

Chapter 3
NY流 セレブ気分を味わう方法

be seen（来ている人を見に行き、自分も見られる）」という表現がある。有名人や予備軍の中に混ざって食事をすることを目的とする楽しみ方だ。オープン時に話題を仕掛ける専門家がいて、その宣伝効果も込みで「盛り上がっている」と見なす。ソーホー周辺に有名人に遭遇しやすい店が集中しているが、値段に見合うくらい美味しくて、分け隔てなくサービスがいい店となると、結構絞られる（きっぱり）。スターがいても、自然に挨拶する以外は話しかけないのがニューヨーク・ルールだ。私の場合、デンゼル・ワシントンは向こうから話しかけてくれ、お互い1人だったメグ・ライアンは気を遣って知らん顔をしていたら去り際にニコッとしてくれた。一生、ファンになった。

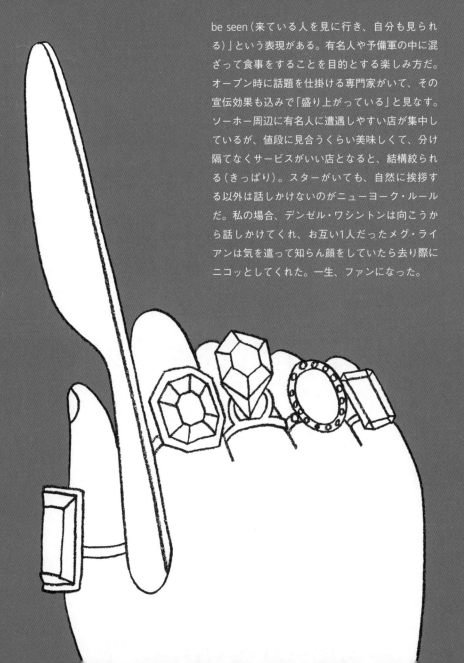

[MH] Union Square
ABC COCINA
ABCコシーナ

MAP P159 ⑨
- 38 E 19 St (bet Broadway & Park Ave)
- ④⑤⑥ⓁⓃⓆⓇ 14St-Union Sq
- 212-677-2233
- 月-金12:00-15:00、17:30-22:30
  (木-23:00 金-23:30)
  土11:00-15:00、17:30-23:30
  日11:00-15:00、17:30-22:00
- $$$ エンパナーダ／タコス $11-26
  サンドイッチ $18-22、メーン $11-39
- www.abchome.com/eat/abc-cocina

巨匠ジャン・ジョルジュによる洗練スパニッシュ

　ジャン・ジョルジュ・ヴォンゲリスティン。食通でなくても知っている超有名シェフだ。系列店は世界で22軒、ニューヨークだけで11軒あり、ブランド力は抜群。その中で、家具とインテリアの店、ABCカーペット＆ホームの1Fで隣り合っているABCキッチンとABCコシーナは、農家直送にこだわったカジュアルなメニューで人気。キッチンがニュー・アメリカン、コシーナはラテン料理が軸で店の雰囲気も違う。コシーナは、平目のセビーチェやグリルド・シュリンプのサラダといったよくあるメニューでも、ハバネロやチミチュリなどの南米のスパイスがアクセントになっていて新鮮だ。ランチなら意外性のあるデザートまで含めたプリフィクス・コースがいい。活気のある雰囲気、サービスともに最高。取材日は、元祖スーパーモデルのクリスティー・ターリントンを見かけた。

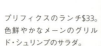
プリフィクスのランチ$33。色鮮やかなメーンのグリルド・シュリンプのサラダ。

下左：完璧な焼き具合のサーモン。
下中：盛りつけの美しさと味にうっとりするデザート。

[MH] Upper East
CAFÉ BOULUD
カフェ・ブールー

[MAP] P162 ⑪
🏠 20 E 76 St (bet 5 & Madison Aves)
🚇 ④⑤⑥ 77 St
📞 212-772-2600
🕐 月-金 7:00-10:30、12:00-14:30
　17:30-22:30 (金-23:00)
　土 8:00-11:00、12:00-14:30、17:30-23:00
　日 8:00-11:00、12:00-15:00、17:45-22:30
$$$ ブランチとランチのプリフィクス $40-50
　　ディナー $19-46
www.cafeboulud.com/nyc

『ゴシップガール』のリアル版レストラン

　ドラマ『ゴシップガール』と、洋菓子舗ウエストの銀座本店が大好きな人は、こちらへ。ニューヨーク発フレンチの最高峰、ダニエル・ブールーの店はマンハッタンに7店舗。トップのダニエルより、二番手のこちらが行きやすい。とはいえ、セントラルパークに近い、ジョン・F・ケネディや大女優ベティ・デイビスがかつて住んだ高級アパートを改築したホテル、ザ・サリーにあり、隅々まで優雅だ。正統派のメニューでも新しめの食材がサラッと入っていて、サーバーの説明を聞くとさらに楽しめる。メトロポリタン美術館と組み合わせて朝食かプリフィクスのランチという手もある。以前、リンカーン・センターの観劇前に近所で急いで食べたサンドイッチがびっくりの美味しさで、慌てて確認したらダニエル監修のエスプリー・ブールーだった。伊達にトップではないのだ、と恐れ入った。

[MH] Harlem

RED ROOSTER
レッド・ルースター

再開発されたハーレムを
象徴する新名所

　エチオピア生まれでスウェーデン育ちという珍しい経歴を持つマーカス・サミュエルソンがハーレムに出したサザン・コンフォートフードのレストラン。北欧料理の超高級店アクアヴィットで名をあげ、オバマ大統領の第1回公式晩餐会のシェフにも抜擢された天才肌。店名は、ジャズのナット・キング・コールや作家ジェームズ・ボールドウィンが通ったバーから受け継ぎ、インテリアや選曲もハーレムらしさを醸し出している。基本は南部料理だが、ミートボールや魚料理が得意な点に北欧が透けて見える。おすすめはココナッツとスイートポテトのロードサイド・スープとカラードグリーンを加えてひねったマック＆グリーン。スイートポテトのフィリングがとろりと出てくるドーナツも忘れずに。円形のバーも素敵だ。

MAP P163 ❷
🏠 310 Lenox Ave (bet E 125 & 126 Sts)
🚇 ②③ 125 St
📞 212-792-9001
🕐 月-金11:30-15:30、16:30-22:30
　（金-23:30）
　土10:00-15:00、16:30-23:30
　日10:00-15:00、16:30-22:00
$$$ 前菜 $11-20、メーン $18-37
　　ブランチ／ランチ $14-17
redroosterharlem.com

2人分のプリフィクスのランチは$25。

レゲエをテーマにした奥のダイニング・ルーム。

[グリニッチ・ビレッジ店] MAP P158 ㉕
- 132 W Houston St (@Sullivan St)
- ⒶⒷⒸⒹⒺⒻⓂⓌ 4
  ⒷⒹBroadway Lafayette
- 212-812-1482
- 月〜水18:00-23:30、木・金18:00-24:30
  土11:00-17:00、18:00-24:30
  日11:00-17:00、18:00-23:30

[イースト・ビレッジ店] MAP P157 ⑩
- 109 Ave A (@E 7 St)
- ⑥Aster Pl ⒻL2 Ave
- 212-812-1482
- 月〜水16:00-24:00、木・金16:00-2:00
  土11:00-2:00、日11:00-24:00

$$$ 前菜 $12-18、メーン $22-28
　　ブランチ $10-18

www.misslilysnyc.com

[MH] Greenwich Village / East Village

MISS LILY'S ミス・リリーズ

ジャマイカ映画のセットみたいなレストラン

　アップスケールなライブハウス、ジョーズ・パブのオーナーが開いた、カラフルでかわいいジャマイカ料理のレストラン。アーティストに好まれ、ジェイ・Zとビヨンセがカップルで来たり、ファレルが誕生日パーティーを開いたり。私はR&Bシンガーのミゲルに会った。レコードを模したテーブルや有名アルバムを飾った壁など、レゲエのパーティーに来たみたいだ。ジャーク・チキンやオックステールなど正統派のジャマイカ料理も間違いないし、国民食アキーのフムスやカリビアン・フレーバーを入れたフィッシュ・タコスなどオリジナル・メニューもある。羊のカレー、カリー・ゴートは骨が取り除かれているだけで全く違う食べ物になっていた。レゲエ好きは隣のバラエティ・ショップもチェック。裏に軽く食べられるメルビィンズ・ジュース・バーと、イースト・ビレッジに姉妹店の7Aがある。

[MH] Meat Packing District

SANTINA サンティナ

ハドソン川沿いで豪華客船クルーズ気分

食感の軽いチェチーナ($12)はぜひ。手前が具材のマッシュルーム。

2015年に、空中公園ハイラインの高架下にオープンした最新セレブ・スポット。ガラス張りの植物園みたいな外観で、もっともヒップなエリアのミートパッキング・ディストリクトでも異彩を放っている。なにしろコンセプトが「1970年代の豪華客船クルーズ」。インテリアからサーバーのユニフォームまで徹底して、全力でコンセプトを守っている感じが清々しい。料理は、シーフードに重点を置いたイタリア料理。ヒヨコ豆のパンケーキ、チェチーナに具材を巻くメニューが珍しく、外せない。料理の質も評判だが、特筆すべきはカクテル。イースト・ビレッジの人気バー、デス&カンパニーのミクソロジスト(カクテルを開発するバーテンダー)がメニュー開発をしただけあり、ほかでは飲めないメニューがある。寒い季節でも夏を感じたいニューヨークらしい店だ。

MAP P159 ❸

820 Washington St (@Gansevoort St)
ⒶⒸⒺ14 St Ⓛ8 Ave
212-254-3000
日-月10:00~23:00、火-土10:00~24:00
$$$ 前菜 $9-15、ライス／パスタ $15-24、メーン $24-28
www.santinanyc.com

46　Chapter3 NY流 セレブ気分を味わう方法

PICK UP!

THE TODD ENGLISH FOOD HALL
ザ・トッド・イングリッシュ・フードホール（ザ・プラザ・フードホール内）

　テレビ番組から人気が出たセレブ・シェフの先駆者、トッド・イングリッシュ氏が監修するグルメストアを併設した70席あるレストラン。寿司バーを含めて9つのカウンターキッチンがあり、ザ・プラザ・フードホールの目玉だ。広々としているので、地下でも開放感がある。ランチならテイスティング・メニューにある小さなサンドイッチ、スライダーがちょうどいい。一番人気は、プライムリブ・スライダー。カルビのサンドイッチで、少し辛い特製ソースといただく。サラダやハンバーガー、フラットブレッドのピザなども人気だそう。ワインリストが充実しており、夕方以降にちょっと飲みたいときに立ち寄るのもアリだ。

$$ ランチ　$$$ ディナー

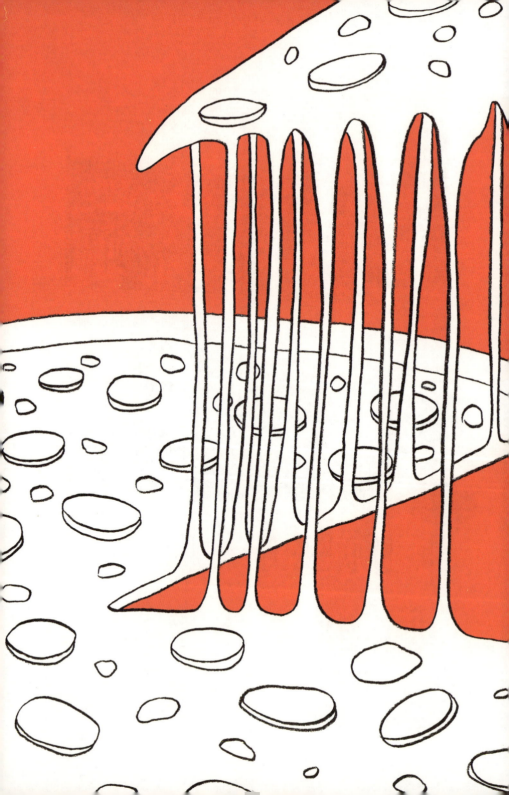

DIVE INTO THE MELTING POT

Chapter 4　移民文化を食べ尽くせ

　人種のるつぼを指してメルティング・ポットとか、いや、溶け合ってないからサラダ・ボウルだ、などと言われるニューヨーク。「うちに代々伝わる出身国の味」と「ハンバーガーとピザ」で食生活が成り立つのが一般的だけど、そもそも祖先が3、4カ国混ざっていたり、自分の信条でベジタリアンになるケースもあったりと複雑なので、自己紹介の延長で「ふだん何を食べているか」を会話に滑り込ませる人は多い。以前によく言われた「その国出身の人で混んでいる店が美味しい店」は、舌が多様化したため、それほど単純な話ではなくなった。意外な具材や調味料を取り入れていたり、伝統的な料理でもとことん工程にこだわったりして初め

て、フーディーたちの話題に上る。
　イタリア系やユダヤ系など先に移民したグループは店の種類が豊富で、ラテン系、アフリカ系など後発チームは食堂みたいな店からグレードアップしたレストランが出てきたところだ。アジア系で最強はチャイニーズ。和食も人気でラーメン、テリヤキチキン、枝豆、味噌スープが浸透している。寿司は、巻き寿司だとハードルが低いため、アボカドを巻いたカリフォルニア・ロールから入門する人が多い。アメリカの料理だけでなく、本国に行きにくいところの料理や、ニューヨークなりの解釈を加えた料理まで幅広く揃っているのがいいところ。どん欲に、食べ尽くしてみよう。

ITALIAN & PIZZA

進化系イタリアン&ピザ

　イギリスやオランダより出遅れたものの、ヨーロッパからニューヨークにもっとも多く移民したのが、イタリア人だ。負けん気とコミュニティ内の結束力が強いイタリア系アメリカ人の特徴が、肌の色に関係なくニューヨーカー気質になったと言われる。当然、イタリア料理もポピュラー。超高級店からおふくろの味まで揃うが、日本はイタリア料理のレベルが高いので、平均的な店だと国内でよく食べている人は物足りないかもしれない。
　独自の進化を遂げたイタリアン・フードといえば、ピザとチーズケーキだろう。とくに、生地の薄いニューヨーク・ピザは、フーディー・ブームの恩恵を受けて進化中。日本にあまり紹介されていない老舗と前衛的なトッピングで話題の店を精選したら、全店ブルックリンになってしまった。ピザの概念をひっくり返すために、ぜひ橋を渡ってみよう。

ブルックリンでピザを作り続けて50年

[MH] West Village

L'ARTUSI
ラトゥージ

隅々までスタイリッシュな人気店

[MAP] P159 ⑲
228 W 10 St (bet Hudson & Bleeker Sts)
ⒶⒷⒸⒹⒺⒻⓂWest 4
212-255-5757
月-水17:30-23:00、木-土17:30-24:00
日11:00-15:00、17:30-23:00
$$$ 前菜（クルード／ベルドゥーラ）$14-17
パスタ $18-24、メーン $16-30
www.lartusi.com

　ウエスト・ビレッジでもとびきりオシャレな店が立ち並ぶブリーカー通りを下り、左折。このエリアにしては席数が多いにもかかわらず、予約が取れない理由はタパスのコンセプトを取り入れた斬新なメニューにある。「クルード（生もの）／ベルーデ（野菜）／パスタ／ペーシェ（魚）／カルネ（肉）」とリストになっていて、バランス良く選べる。人気のクルードは、ハマチのタルタルソースとビーフ・カルパッチョ。ラグーソースがよく絡んだ極太のブカティーニや、イカスミを練り込んだリングィーネ・ネロなどのパスタは、記憶に残る味だ。ローストチキン、デザートのオリーブ・ケーキとも地味な見た目を裏切るクオリティ。カウンター席はウォークイン（予約なし）もありだが、テーブル席は早めに予約を。肩に力は入っていないけれど、隅々まで洗練されていて居心地がいい。ウェイターの外見とサービスの質が高く、担当のお兄さんに聞いたらやはり俳優志望だった。それも、ニューヨークだ。

評判のチキンは $22。自家製ドルチェ（デザート）は各 $10。

[BK] Park Slope

AL DI LA TRATTORIA

アル・ディ・ラ・トラットリア

MAP P164 ⑪
📍 248 5 Ave (@Carroll St)
🚇 Ⓡ Union St Ⓑ Ⓠ 7 Ave
📞 718-783-4565
🕐 月-金12:00-15:00、18:00-22:30 (金-23:00)
　土11:00-15:30、17:30-23:00
　日11:00-15:30、17:00-22:00
$$$ 前菜 $12.50-16.50
　　パスタ/リゾット $10-20、メーン $23-29
www.aldilatrattoria.com

パークスロープのお値打ちイタリアン

　ブルックリンで長いことハイソなエリアとして君臨するパークスロープが誇る、北イタリア料理の店。品のいいシャンデリアにかわいい壁紙、深紅のカーテン壁の飾り物などインテリアもすてきで真似したくなる。前菜ではイカとオックステール(牛の尾)という珍しい組み合わせが、セコンディではウサギの煮込みが人気メニュー。どちらも、クリーミーなポレンタ(コーンミールの煮込み)と一緒にいただく。平日のディナーは家族連れや年配のカップルが目立つ。予約を取らないため、夜7時過ぎには待ち時間覚悟になる。パスタがお目当てなら、ランチもいい。料理の完成度もさすがながら、感動的なのは冷たいトリュフと呼びたいくらい滑らかなチョコレートのソルベ。ソルベは3種類から選べるが、全部チョコレートにしてもいい美味しさだ。

右:トウモロコシの粉を煮込んだポレンタの上にのったオックステール$13。

[MH]Lower East Side / [BK]Clinton Hill

SPEEDY ROMEO
スピーディー・ロメオ

車の部品工場を改装したピッツェリア

　ブッシュウィックのロベルタズがブルックリンの新感覚ピザ・ブームの発起店だが、散々紹介されているので、拮抗している穴場店を取り上げる。スピーディー・ロメオは、車の部品工場を改装して薪のオーブンを入れた面白い店。店名は、オーナーの家族が馬主だった優勝馬から取ったそう。ピザはニューヨークでは珍しい、イースト菌を使わずパリパリに焼き上げたクラストのセントルイス・スタイルを出す。定番のマルゲリータほか、ベシャメルソースに蛤とケールを乗せたザ・KCロイヤル、ワイルド・マッシュルームに卵、スモークド・モッツァレラのザ・カインド・ブラザーズなど、味わいが異なるピザが揃っている。ケール・サラダなど前菜の材料は、グリーン・マーケットで採れ立てを仕入れている。広々としたマンハッタン店は大人数でもOK。

くるみとブルーベリーの入った
ケール・アップル・サラダ$16。

[ローワー・イーストサイド店]　MAP P156 ㉒
🏠 63 Clinton St (bet Stanton & Rivington Sts)
🚇 ⒻDelancey St ⒿⓂⓏ Essex St
📞 212-529-6300
🕐 日〜木12:00-23:00 金土12:00-24:00

[クリントン・ヒル店]　MAP P165 ㉔
🏠 376 Classon Ave (@Greene Ave)
🚇 ⒼClasson Ave
📞 718-230-0061
🕐 月〜金12:00-16:00、17:00-23:00 (金-24:00)
　土11:00-16:00、17:00-24:00
　日11:00-16:00、17:00-23:00

$$ 前菜$14-18、ピザ $15-20
　グリル料理 $18-78
www.speedyromeo.com

[BK] Greenpoint

PAULIE GEE'S
ポーリー・ジーズ

新しいピザのトレンドはグリーンポイントから

　元フォトグラファーのポールさんが出したポーリー・ジーズは、次のNo.1ピザの呼び声が高い注目株。ウィリアムズバーグの北、グリーンポイントの倉庫を改装した広い店内はシックでデート向き。外せないのが、ヘルボーイ。トマトソースとソプレサータ（サラミ）に秘密兵器のマイクズ・ホット・ハニーをふんだんにかけた一品だ。ハチミツの甘さは案外ピザに合うな、と油断した2秒後に辛さが襲ってくる。ポールさんイチ推しは、ホームタウン・ブリスケット。レッドフックの人気店、ホームタウンBBQのブリスケットとモッツァレラをまとめた意外ながらくせになる味。動物性の食材を使わないビーガン・ピザも充実。ジョージア州コロンバスについでマイアミ、ボルティモアに出店予定で、ブルックリン・ピザの震源地に君臨しそう。

オニオンのピンクが鮮やかなホームタウン・ブリスケット。

人気ピザ、ヘルボーイで唐辛子入りハチミツに目覚める人も多いとか。

MAP P166 ❷
🏠 60 Greenpoint Ave
　（bet Franklin & West Sts）
🚇 ⓖGreenpoint Ave
📞 347-987-3747
🕒 月−金18:00−23:00
　土17:00−23:00、日17:00−22:00
$$ サラダ $8-10、ピザ $14-18
pauliegee.com

[MH] West Village / [BK] Carroll Gardens

FRANKIES SPUNTINO
フランキーズ・スプンティーノ

裏庭を希望するときは「バックヤード」と伝えよう。

クリーン・アンド・シンプルのいまどきイタリアン

　店の名前は、経営者の名がふたりともフランキーさんだったことから命名。なるべく近郊のオーガニックな食材を使い、オリーブオイルも自家製するこだわりでまずは近所の人から支持を受け、メディアからも高い評価を得るように。レーズンと松の実をアクセントにしたトマトソースをかけた大きなミートボールが定番だ。食材の良さをストレートに引き出した正直なスタイルが人気の秘密らしい。マンハッタンとブルックリンに一軒ずつ構え、どちらも番地を店名の後ろに加えている。キャロルズ・ガーデン店は裏庭のスペースが気持ちいいので、春から夏にかけて訪れる場合は迷わず外で食べよう。

[ウエスト・ビレッジ店] MAP P159 ⑰
- 570 Hudson St (@W 11 St)
- ①Christopher St
- 212-924-0818
- 日-木11:00-23:00、金土11:00-24:00

[キャロル・ガーデン店] MAP P164 ㊲
- 457 Court St (bet Luquer St & 4 Pl)
- ⒻⒼSmith-9 St
- 718-403-0033
- 日-木11:00-23:00、金土11:00-24:00
  （裏庭は22:00まで）
※予約不可

$$ サラダ／サンドイッチ $10-15
　　パスタ／メーン $15-28
www.frankiesspuntino.com

バジルをアクセントにした基本のピ $3.25。

[BK] Williamsburg

BEST PIZZA
ベスト・ピザ

新感覚なスライス・ピザの最高峰

　グルメ・ピザの店は、ホールでしかサーブしない店が多いのが難点。そこで、一人旅や、軽く食べたいときのために、スライスでも提供するスポットも紹介しよう。ベスト・ピザはシンプルな店構えながら、本格的な釜焼きのピザを楽しめるコスパの高い優良店だ。クラストを高温の釜で短時間で焼き上げるため、薄いのにモチモチ。ピザの主役はチーズでもソースでもなく、クラストであることを再確認できる。

MAP P166 ⑪
- 33 Havemeyer St
  (bet N 7 & N 8 Sts)
- ⒼMetropolitan Ave ⓁLorimer St
- 718-599-2210
- 11:00-24:00 (土-1:00)
- $ スライス $3.25-4.50、ホール $20-24

人気者ドムさんと店頭を仕切る娘さん。

[BK] Midwood

DI FARA ディ・ファラ

この道50年の職人技が光るレジェンド級ピザ

　各メディアやレビューで、度々「ニューヨークNo.1」と冠されるのが、ディ・ファラ。マンハッタンからQトレインで30分、アベニュー・J駅から徒歩1分にあるピッツェリアだ。主役は、この道50年のドメニコ・ディマルコさん、80歳。ナポリに近いカゼルタから移民した5年後に開業、ハーブは自分で栽培し、材料のほとんどをイタリアから取り寄せるこだわりようで、ドムさんと息子2人の手作りピザを目指して遠方から訪れる客も多い。クラストとチーズの塩気が多いのが特長。すべての工程での小さなこだわりが、最良の結果につながっている。オリーブやオニオンを乗せても土台の良さが引き立つ。ピザを食べに行っただけなのに、職人技や仕事に対する姿勢などを考えてしまう、ディープなスポットだ。

MAP 掲載なし
※Qトレインでブルックリンに入ってから10駅目
1424 Ave J (@E 15 St)
@Avenue J
718-258-1367
水〜土12:00-20:00、日13:00-20:00
（月、火曜定休）
スライス $5-6、ホール $30
www.facebook.com/difarapizza

56　Chapter4 移民文化を食べ尽くせ

MAP 掲載なし
※DFQNラインの終点

- 1524 Neptune Ave
  (bet W 15 & W 16 Sts)
- DFNQ Coney Island
- 718-372-8606
- 木〜日12:00〜20:00(月〜水曜定休)
- ホール $11〜30
- www.totonnosconeyisland.com

ラージサイズのホールピザ。薄いのでスライス2枚は軽くいける。

[BK] Coney Island
TOTONNO'S トトンノズ

コニーアイランドの生き証人ピッツェリア

薪を使う釜焼きの店は多いが、炭の釜焼きはいくつもない。新しく許可を取るのは不可能で以前から釜を守っている店のみが維持できるからだ。その貴重な炭焼きピザが食べられるのが、創業1924年のトトンノズ。アメリカ最古のピッツェリアのロンバーディズからのれん分けし、コニーアイランドの栄枯盛衰を見守ってきた。注文を受けてから生地をこねるので、夏場なら待ち時間は30分。運ばれたピザを一口食べたら待ち時間の長さへの不満も一緒に飲み込む以外にない。独特な焦げ目と風味に、90年の重みを感じる。木〜日曜日しか営業していないのでご注意を。

COLUMN　コニーアイランドの楽しみ方

ブルックリンの南端にあるコニーアイランド、通称コニーは、なぜか懐かしい気持ちになる不思議なスポットだ。太平洋を望むビーチ、ネイサンズのホットドッグやロブスター・ロールの原色の看板が並ぶボードウォーク、イルミネーションがまぶしい3つの遊園地。ノスタルジックになる理由は、コニーアイランドが過去と現在が交差する場所だから。1824年に最初のホテルが建てられ、20世紀の頭には行楽地として全米にその名を馳せ、1950年代にピークを迎えた後に治安が悪化して一旦、廃れた。再開発で綺麗になったが、見世物小屋があったり、首に大蛇を巻いたお姉さんが歩いていたり、どこか退廃的で妖しげなムードが漂う。マンハッタンのミッドタウンから地下鉄で約1時間で到着。夏に訪れるなら、夜9時半から花火が上がる金曜日がベストだ。

LATIN CUISINE

ロマンティックなラテン料理

ニューヨーカーの3分の1を占めるヒスパニック、もしくはラテン系アメリカ人の定義はけっこう難しい。広くまとめると、スペイン語圏とポルトガル語圏のメキシコ、中南米、一部のカリブ海の国々まで入るので、本書はそれで行く。ニューヨークでもっとも増えているグループでもあり、とくにドミニカ共和国とメキシコからの移民が多い。料理で定着しているのがメキシコ料理で、「早い、安い、美味しい」の基本形はもちろん、洗練された店も出てきた。メキシコ料理の基本は、挽いたトウモロコシや小麦粉で作ったトルティーヤ。これで具材を巻くか挟むかで、名称が変わる。メキシコ以外の国も、アレパやエンパナーダなどトウモロコシ特有の食感を生かしたパンや、青バナナなど食材が似ていて、複数の国の料理を出す店も多い。魚介類や米、豆など日本人になじみのある食材も多く、口に合うのが嬉しい。

> きっと店のどこかに飾られているから、私を探してみてね

Chapter4 移民文化を食べ尽くせ

[BK] Crown Heights

CHAVELA'S
チャベラズ

ブルックリンNo.1と崇められるロマンティックなメキシカン

　こだわり抜いたタコスが評判になり、隣のストリートに拡張移転。赤い壁に鮮やかなタイルを敷き詰めたバーカウンターなどロマンティックな雰囲気と、良心的な価格で夜はいつも混んでいる。一番人気のドン・タコスは、ベジタリアン、肉（チキンとビーフ）、魚介（ティラピアとエビ）の3種類の具材から選び、アボカドディップのワカモレやライス、ビーンズを自分で巻く。さっぱりした風味のサボテンのタコスもおみやげ話にいい。トラウト（鱒）が入ったワカモレや、ティラピアを米とトマト、ケッパーと一緒にバナナの皮にくるんで焼いた一品もおすすめ。ビールにウスターソースとホットソース、ライムを混ぜたミチェラーダもトライしてみよう。平日は11時にオープンし、ランチ・スペシャルやハッピーアワーもあるので中途半端な時間にお腹が空いたらふらりと訪れるのもありだ。予約は取らないので、夜のピーク時は少し待つ覚悟で。

MAP P165 ㉗
🏠 736 Franklin Ave　Ⓢ Botanic Garden (@Sterling Pl)
🚇 ②③④⑤ Franklyn Ave
☎ 718-622-3100
🕐 月-金11:00-23:00（金-24:00）
　土10:00-24:00
　日10:00-23:00
$$ タコス／ケサディーヤ $3.5-5
　メーン $13-22
　ランチ・スペシャル $7.95-
　※ハッピーアワー有

chavelasnyc.com

カラフルなバーと鈍い銀色の天井は一見の価値あり。

[MH] Lower East Side
BARRIO CHINO
バリオ・チーノ

極上マルガリータが味わえるヒップ・スポット

　店名は「中国人街」。でも、中国に寄っているのは、インテリアとホタル焼きの皿だけで、本格的なメキシコ料理とマルガリータを出す。予約はなし。7時を過ぎるとすぐに1時間待ちになり、電話番号を残して席が空いたら連絡してもらう。その間は、近所のカフェかバーで時間をつぶそう。ランチもハッピーアワーもあるが、あえてピーク時に訪れてローワー・イーストサイドらしいおしゃれさんたちを見学してもいい。おすすめは、バケットをつけながら食べるエビとティラピアのトマトクリーム・ソース煮込み。エンチラダ・ベルダスは、細かく裂いたチキンとチーズ、ライスを柔らかいトルティーヤで巻いた伝統的な一品。ムード重視で、料理がよく見えないほど照明が暗く、うるさいのもダウンタウンならでは。

ステーキのタコスは、肉がジューシーで食べ応え抜群$8。

マルガリータは一番人気のグレープフルーツか、スモーキーな味わいのタマリンドがいい。

MAP P156 ㉕
🏠 253 Broome St (bet Orchard & Ludlow Sts)
🚇 FJMZ Dalancey-Essex St / Essex St
　 BD Grand St
📞 212-228-6710
🕐 月−金10:00−12:00 (木−1:00、金−2:00)
　 土9:00−2:00、日9:00−12:00
$$ タコス／トルティーヤ $10、メーン $13−18
www.barriochinonyc.com

Chapter4 移民文化を食べ尽くせ

広々とした店内。朗らかでサービスが的確なサーバーも人気の理由。

[BK] Park Slope

BOGOTA LATIN BISTRO
ボゴタ・ラテン・ビストロ

ラテン料理全般を引き受ける、気さくな店

　コロンビア料理を中心に、メジャーなラテン料理と、モヒートやマルガリータ、カイピリーニャなどが揃ったカクテル・メニューで人気の店。大人数でも席が取りやすく、メニューが豊富。サービスもフレンドリーで使い勝手が非常にいい。味つけは直球。おすすめは、ステーキと目玉焼き、アボカド、アレパ、スイートプランテン、ブラック・ビーンズ（レッド・ビーンズも選べる）に、豚バラを揚げたチチャロンがドカンと来るコロンビアン・プラッター。かなりのボリュームなので、2人だったらこれにアペタイザーか揚げ餃子風のエンパナーダを足して、カクテルを楽しむといい感じで仕上がる。スポンジケーキを3種類のミルクに浸したトレス・レチェやココナッツのフランなどのデザートも、口当たりが優しくペロッといける。

MAP P165 ⑫
141 5 Ave (@St. Johns Pl)
Ⓡ Union St
718-230-3805
月-金11:00-23:00(金-1:00)
土10:00-1:00、日10:00-23:00
$$ アレパ／エンパナーダ／ケサディーヤ $4-12
　　メーン $15-26
bogotabistro.com

チャキチャキした中国系ベネズエラ人のお姉さん。

［イースト・ビレッジ店］ MAP P157 ❽
🏠 93 1/2 E 7 St (bet 1 Ave & Ave A)
🚇 ⑥Astor Pl Ⓝ Ⓡ 8 St
☎ 212-529-2314
🕐 12:00-23:00

［ウィリアムズバーグ店］ MAP P166 ⓮
🏠 291 Grand St
   (bet Roebling & Havemeyer Sts)
🚇 ⒼMetropolitan Ave ⓁLorimer St
☎ 718-218-6050
🕐 12:00-23:00

$ アレパ $7-8.50、コンボ $22-23
www.caracasarepabar.com

［MH］Eest Village／［BK］Williamsburg

CARACAS AREPA BAR

カラカス・アレパ・バー

食感が決め手のベネズエラ・ディッシュ

　アレパは、南米でポピュラーなトウモロコシのパン。ベネズエラ料理のこの店では、外側がサックリ、中身がモチモチのアレパに様々な組み合わせの具材を挟んでごちそう感をアップ。ウィリアムズバーグにラム・バーを併設した2号店を出すほどの人気だ。一番人気のアレパ、デバベレオンはチキンと甘いプランテンのトロピカルな味わい。チキンとピリ辛の豚のチョリソー、アボカド

のラ・スレーニャの方が日本人好みかも。「集中したいから話しかけないで」と言いたくなるほど、一口ごとに食感と味が変わる。宗教的なモチーフが飾られ、店内に入った途端、大好きな映画『セントラル・ステーション』（ブラジル映画だけど）を思い出した。夜はサングリアやビールのカクテル、ミチェラーダを飲みながらアレパにかぶりつく人でごった返す。

[MH] West Village

OFRENDA オフレンダ

ウエスト・ビレッジの賑やかなメキシカン

　精選した肉料理とタコスのフード・メニュー、90種類も揃えたテキーラで人気のメキシカン・レストラン。おすすめはメニューを8ドルに統一した4時から7時までのハッピーアワー。フレッシュなタラピアのタコスやワカモレもいいし、3種類のチーズを使ったチョリソーやチキンのチーズ・フォンデュ（クエソ・フォンデット）も満足感が高い。7時過ぎのディナーのピーク時には、ど迫力の肉料理をオーダーする人が増える。ドリンクは、スモーキーな味わいのハラペーニョのマルガリータがイチ推し。強めなのでゆっくり飲もう。ピーク時に訪れるなら、予約を忘れずに。サービスが良く、活気がある雰囲気がいかにもメキシカンで、賑やかに夜を過ごしたいときはここだ。

メキシコのモチーフが飾られたかわいらしい店内。

MAP P159 ⑱
113 7 Ave South
(@Christopher St)
Ⓐ Ⓑ Ⓒ Ⓓ Ⓔ Ⓕ Ⓜ West 4
Ⓘ Christopher St
212-924-2305
月-水 16:00-23:00
木金 16:00-1:00
土 11:00-1:00
日 11:00-23:00
$$ タコス $12-13
　　 メーン $21-28
※ハッピーアワー有
ofrendanyc.com

JEWISH DELICATESSEN

ユダヤ系デリカテッセン

　ニューヨークらしい食べ物、と聞いてまず思い浮かぶのがベーグル。東欧のユダヤ系の人々が持ち込んだ、卵とバターを使用しないこのパンも、ユダヤ教の教えに則ったコーシャー・フードだ。肉と魚、肉と乳製品を一緒に食べないなど決まりがあるうえ、指導者であるラビの検査もある。肉も豚は食べず、牛は上半身のみ。魚介類もエビやカニなど甲殻類はダメ、魚は燻製が基本だ。制約が大きい反動で奥が深く、有名なデリカテッセンは美味しいものの宝庫だ。惣菜店が元の意味だが、ユダヤ系だと、レストラン形式の店もデリカテッセンと名乗っているケースが多い。ニューヨーク市には、イスラエルのテルアビブ市に次いで多くのユダヤ系が住んでいて、彼らの生活習慣を知ることはこの街を楽しむコツのひとつだ。

食べきれない分は紙でくるむから言ってね！

Chapter4　移民文化を食べ尽くせ

常連もツーリストもパストラミにかぶりつく。

MAP P157 ⑲
205 East Houston St (@Ludlow St)
(F)2 Ave
212-254-2246
月〜水8:00-22:45、木8:00-2:45
金8:00から日22:45まで終日営業
$$ パストラミのサンドイッチ $19.95
www.katzsdelicatessen.com

[MH] Lower East Side

KATZ'S DELICATESSEN

カッツ・デリカテッセン

ニューヨークでもっとも有名なレストラン

　1888年創業、ニューヨーク最古の食堂。歴代の大統領が訪れ、不朽のラブコメ映画『恋人たちの予感』でメグ・ライアンがビリー・クリスタルを呆然とさせたシーンもここで撮影された。壁一面の著名人の写真や、量り売りコーナーの「戦場にいる息子にパストラミを送ろう！」という1940年のスローガンに歴史を感じる。9割の人が頼むのが、ブリスケットのパストラミ。2〜4週間、塩漬けにしてから3日間ほど低温で燻して、食べる直前にゆでる。購入システムは独特。入ってすぐカードを受け取り、オーダーしたものの値段を書き込んでもらう。壁側のテーブルはウェイターがつくフルサービスで、真ん中のテーブルはセルフサービス。肉切り職人（カッター）の前に並んで直接オーダーする、セルフの方が断然楽しい。ライ麦パンに挟まったパストラミは、約400グラム。日本の正しいお母さんなら、食パン1斤を使って家族全員分のサンドイッチを作る量だ。ハーフサイズのサンドイッチと伝統的なチキンスープ、マッツォボールを頼む手もある。

[MH] Lower East Side

RUSS & DAUGHTERS CAFE
ラス&ドーターズ・カフェ

老舗食材店がオープンした話題のカフェ

　1914年から続く、知る人ぞ知るユダヤ系食材店が100周年を記念して近所にカフェをオープン。本店を有名にした極上のスモークサーモンや、創業者のジョエル・ラス氏が東欧から移民した直後に量り売りで行商していた燻製のニシンがメニューの中心。薬局を思わせる清潔な店内と、オープン・サンドイッチや3～4人で分ける前提のスモークサーモンのプラッター、卵料理など考え抜かれたメニューが評判となり、連日賑わっている。客層は幅広く流行ものが好きな人から、上品なユダヤ系のおばさままで。徒歩5分の本店は、スモークサーモンを乗せたベーグルが有名だが、ドライフルーツやスイーツも美味しい。いくつかベーグルを買ったら、「すぐ食べないなら半分に切って即冷凍」と言い渡された。おかげで、次の3日間は毎朝幸せだった。

[カフェ] MAP P156 ㉓
- 127 Orchard St
  (bet Rivington & Delancey Sts)
- (F)Delancey St (J)(M)(Z)Essex St
- 212-475-4880
- 月－金10:00-22:00、土日8:00-22:00

[本店(食材店)] MAP P157 ㊷
- 179 E Houston St
  (bet Allen & Orchard Sts)
- (F)2 Ave
- 212-475-4880
- 月－金8:00-20:00
  土8:00-19:00、日8:00-17:30

$$ 前菜 $6-30
　　オープン・サンドイッチ $16-22
　　3-4人用プラッター $70-90
www.russanddaughters.com

サーモンやクリームチーズを自分で調整して挟むDIYスタイル。

66　Chapter4　移民文化を食べ尽くせ

ピクルスとポテトを足してデラックスにすると$7、プティンだと$10増。写真は合計$25。

[イースト・ビレッジ店] MAP P157 ⑭
🏠 53 Bond St
(bet Lafayette St & Bowery)
🚇 ⒷⒹⓂⒻBroadway-Lafayette
⑥Bleecker St
☎ 212-529-2990
🕐 月8:00-16:00、火-金8:00-22:00
土10:00-22:00、日10:00-16:00

[ボーレム・ヒル店] MAP P164 ⑥
🏠 97A Hoyt St
(bet Atlantic Ave & Pacific St)
🚇 ②③④⑤Nevins St
ⒶⒸⒼHoyt & Schermerhorn
☎ 718-852-7510
🕐 月-水8:00-16:00、17:00-22:00
木-金8:00-16:00、17:00-23:00
土10:00-16:00、17:00-23:00
日10:00-16:00、17:00-22:00

$$ サンドイッチ $9-17
www.mileenddeli.com

[MH] Eest Village / [BK] Boerum Hill

MILE END マイル・エンド

モントリオールのユダヤ料理

　モントリオールの通りから名前を取った、カナダ系のユダヤ料理を出すデリカテッセン。パストラミではなくスモークド・ミートと呼ぶが、部位は同じブリスケット。一番人気のクラシック・サンドイッチは、スモークドミートとマスタード、ライ麦パンという組み合わせはカッツと同じでも、食感が違うので食べ比べても楽しい。つけ合わせの赤キャベツとライ・シードのコールスローも完璧。もう一品頼むなら、モントリオール名物のプティンがおすすめ。フライドポテトにチーズ・カード（チェダーチーズを作る最初の段階）、チキンの肉汁ソース、グレービーを乗せた最高に危険で美味しいコンフォート・フードだ。チーズがフレッシュなせいか、予想より軽くてペロリと食べられる。サンドイッチにポテトかプティンとピクルスを足したデラックスは女性なら2人分ある。モノトーンと木目を合わせたインテリアは、応用できそう。コーヒーはストンプタウン（P137）。

AFRICAN CUISINE

文化も学べるアフリカ料理

　ブラックや黒人の呼称はNGで、アフリカン・アメリカンと呼ぶべき、という言説は、正しい面と「そうは言っても」な面の両方がある。とくにニューヨークでは、茶色い肌の人たちでも、奴隷として連れて来られた人たちの子孫と、カリブ諸国から比較的最近に移民したウエスト・インディーズと、英語が第一言語ではない現役アフリカ人がいて、背景が全く異なるためひと言でまとめるにはムリがある。当然、食文化も様々。アフリカ料理の店はコミュニティに根ざした素朴な店が多く、ニューヨーク旅行中に小旅行を挟んだような興味深い時間が過ごせるが、少し行きづらい場所にあるケースが多い。味が本格的で、旅行中でも行きやすい場所にある2店と、拡大解釈をしてアフリカの味も入っているニューオーリンズのクレオール／ケイジャン料理を紹介しよう。

お祝いのときに食べるチキン料理をどうぞ。

[BK] Bedstuy

JOLOFF ジョロフ

ミュージカルのセットみたいな
セネガル料理店

　アフリカの料理で、セネガルが一番美味しいと言われるそう。素材から丁寧に旨みを引き出す料理法が和食に通じるせいか、日本人の口に合う。玉ねぎにレモンとマスタードの風味をふくませたソースのヤッサチキンは、何度でも食べたくなる味だ。「ウォロフ族の」を意味するジョロフは、ベッドスタイに1995年にオープンして以来、地元の人やアーティストたちに愛されてきた。ナショナル・ディッシュのチェブジェン(魚ご飯)はトマト風味、ヤッサはレモンソース、マフェはピーナッツソースと味つけは大まかに3種類。豆腐を使ったベジタリアン料理も豊富だ。ドリンクにはビタミンCが豊富な真っ赤なソレルと、それをジンジャージュースで割ったジョロフカクテル(ノンアルコール)が断然おすすめ。民芸品を飾ったカラフルな店内には、地元のアーティストの絵や写真が飾られ、夜はオープンマイクのイベントも開催される。

MAP P165 ⑰
1168 Bedford Ave (Corner of Madison Aves)
Ⓐ Ⓒ Franklin Ave
201-482-7344
月-水13:00-22:30、木・土12:00-23:00、
金13:00-23:00、日12:00-22:00
$$
www.joloffjoloff.com

オレンジ色のジョロフライスは味がよく浸みている。

[MH] Midtown
QUEEN OF SHEBA
クィーン・オブ・シバ

ブロードウェイ観劇の前にエチオピアに寄り道

　タイムズスクエア周辺の問題は、味と値段が見合うレストランが少ないこと。劇場街を2ブロック西に行ったところにあるクィーン・オブ・シバは、数少ない優良店のひとつ。エチオピア料理は穀物のテフを発酵させたクレープみたいなインジュラが主食で、これに肉や野菜をスパイスと煮込んだシチュー、ワットをくるんで手づかみで食べる。2人以上なら、ビーフとラムを中心に7種類のワットが食べられるテイスト・オブ・シバが最適。もうひとつのおすすめは、ジューシーな鶏肉とゆで卵が大胆にのったドロ・ワット。エチオピアでは牛や羊より鶏肉の方がごちそうで、お祝いの席で出されるおめでたい料理だ。インジュラの酸味に最初はびっくりするが、慣れるとワットの適量がわかって美味しく感じるのが不思議。エチオピアのハニーワインとの相性も抜群だ。

奥の席にはエチオピアの工芸品の
テーブルを配している。

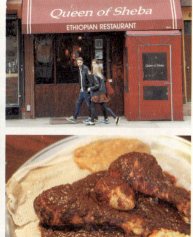

MAP P160 ⑧
650 10 Ave (bet W 45 & 46 Sts)
ⒸⒺ50 St ⒶⒸⒺ42 St
212-397-0610
日〜木11:30-23:30、金土11:30-24:00
$$ 前菜 $5-8、メーン $14-25
www.shebanyc.com

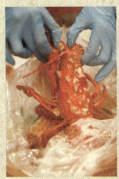

食べ応えのある前菜のキャット
フィッシュ・スライダー $12

[ローワー・イーストサイド店] MAP P156 ⑯
🏠 139 Chrystie St
　（bet Broome & Delancey Sts)
🚇 ⒷⒹGrand St
📞 212-925-8815

[グリニッチ・ビレッジ店] MAP P159 ㉛
🏠 17 Waverly Pl
　（bet Mercer & Greene Sts)
🚇 ⓃⓇ8 Ave ⑥Astor Pl
📞 646-833-7110

🕐 月〜金17:00-23:00（金-24:00）
　土16:00-24:00、日16:00-23:00
$$ 前菜 $5-18
　シーフード（1パウンド）$15-30
www.theboilny.com

PICK UP!

[MH] Lower East Side / Greenwich Village

THE BOIL　ザ・ボイル

手づかみでケイジャン料理のザリガニを

　フランスのアカディア人が持ち込んだのがケイジャン料理で、ヨーロッパ系の雇い主のために黒人のコックがアフリカの調理法や香辛料を合わせて作ったのがクレオール料理。両方ともニューオーリンズで発達した料理であり、食材もほぼ同じため現在はほとんど一緒だ。スパイスと一緒にゆでたザリガニやカニ、エビがビニール袋に入ったまま出てきて、手づかみで食べる新型ケイジャン・フードが各地で流行中。このザ・ボイルもピーク時は1時間待ちになる。豪快で楽しいが、ビニール袋で出すのはアジア系の人が考案したらしく、本場ニューオーリンズとは違う。ソースは4種類だが、ほとんどの人がケイジャン・ブレンドのザ・ボイル・スペシャルをオーダーする。辛さも4段階あり、よほどの辛いもの好き以外はミディアムが食べやすい。

ASIAN CUISINE
刺激的なアジア系レストラン

　旅行に出かけると、3日目あたりで米や醤油味、あっさりした食事が恋しくなるもの。美味しい和食の店もたくさんあるが、目新しさを求める場合はアジアン・フードで手を打とう。メトロポリタン・ニューヨークにおける、アジア系の人口は13パーセント。若いアジア系アメリカ人は、マンハッタンのチャイナタウンをC-タウン、32丁目界隈のコリアン・タウンをK-タウンと呼ぶ。

　最近、増えてきたタイ料理や、価格競争が激しいインド料理は、アメリカ人向けの甘めの味つけが多い。逆に、香港旅行をした際に気がついたのが、ニューヨークのチャイナタウンのレベルの高さ。飲茶に四川料理、マレーシアやベトナム経由の中国料理まで揃っている。またアジア系移民の有名シェフの台頭は目覚ましく、彼らの活躍とともに食文化が広がる様子は楽しく、頼もしい。

中国風のお汁粉など、スイーツのカート担当です

[MH] Lower East Side

MISSION CHINESE FOOD
ミッション・チャイニーズ・フード

一生記憶に残る超刺激的なチキン・ウィング

　ハリウッドが作ったカンフー映画のセットのような、造りモノ感満載のポップな内装がこの店のコンセプトを語っている。デビッド・ボウエン氏は、独創的なメニューでセンセーションを巻き起こし、メディアで称えられた有名シェフ。韓国生まれだが、サンフランシスコで四川料理をベースにしたミッション・チャイニーズを出して頭角を現した。ニューヨーク店も予約必須。ファインダイニングと捉えるとお値打ちの料理は、とにかく刺激的。「本当に辛い」とウェイトレスに念を押されたチキン・ウィングスは、四川山椒がたっぷりで舌がおかしくなるレベルだった。ほかに、被さった皿を金槌で割るとラム肉が出てくる料理もある。一皿の量が多いので、塩鱈のチャーハン、抹茶のヌードル、麻婆豆腐など6品のファミリースタイル（40ドル）がいろいろ食べられておすすめ。アメリカ人が感激するアジア料理を知りたかったら、ここでびっくりしてみよう。

MAP P156 ③⑦
📍 171 E Broadway
　 (bet Rutgers & Jefferson Sts)
🚇 ⒷⒹGrand St ⑥Delancey St
📞 212-432-0300
🕐 月17:30-23:00、火-金17:30-24:00
　 土12:00-16:00、17:30-24:00
　 日12:00-16:00、17:30-23:00
💲💲💲 前菜 $10-30
　　　 チャーハン／麺 $9-29
　　　 メーン $13-50
missionchinesefood.com

抹茶のヌードルは知っているようで新しい不思議な味。

[MH] Midtown

KĀWI
カウイ

MAP P160 ㉘
🏠 20 Hudson Yards 5th Fl
🚇 ⑦34St-Hudson Yards
📞 646-517-2699
🕐 11:30-15:00、日〜木17:00-22:00、
　金土17:00-23:00
$$$$
kawi.momofuku.com

最旬スポットのアートな韓国料理店

　マンハッタンでもっとも話題になっているのが、34丁目西端を再開発したハドソン・ヤード。蜂の巣型の展望台、ベッセルや高級モールのニーマン＆マーカスがある。一推しは、モモフク（P81）が経営する韓国料理のカウイ。ステーキを巻いたキンパ（韓国風海苔巻き）が大評判なのだ。レアに焼き上げたステーキにラディッシュの漬物、野菜とお米が絶妙な食感と味を醸し出す。ほかの人気メニューは、なんとかき氷。ライムジュースをかけた上に、ジンジャーとココナッツのクリームと、南米の果物の甘露煮を混ぜ込んでおり、スプーンを入れる角度によって味が変わる極上スイーツだ。韓国語でピンツーだが、ウェイターさんには「カキゴオリ」で通じた。

アンチョビと卵のキンパもある。

Chapter4 移民文化を食べ尽くせ

特製ソースがカレー味の
チキンと絶妙にマッチ$7。

[MH] Midtown

THE HALAL GUYS
ザ・ハラル・ガイズ

黄色い制服が目印のキング・オブ・屋台食

ニューヨーク屋台=ストリート・ベンダーのキングは、ニューヨーク近代美術館（MOMA）のはす向かいにある、ザ・ハラル・ガイズだ。チキン・オーバー・ライスの名の通り、サフラン・ライスに炒めたカレー風味のチキンがドバッと乗った上に、マヨネーズにハーブを加え、爽やかに仕上げた秘伝のホワイトソースと、ホットソースがかかっている。1992年、エジプト出身のモハメッドさんが、仲間のためにイスラム教に則った食べやすいハラル・フードを、と試行錯誤して売り出したところ大当たり。いまでは類似店を含め、ニューヨークのいたるところで売られている。オリジナルのこの店は、アメリカ各地からの観光客も多数訪れ、昼間は長蛇の列ができる。こちらにしばらく住んでから日本に帰った男友だちが懐かしむ率100パーセント。通は、チキンとラムを半々にする。

PICK UP!

[ベンダー（屋台）] MAP P161 ❹
🏠 W 53 St & 6 Ave
　W 53 & 7 Aveの2店舗
🚇 ⒷⒹⒻ 52 St

[イースト・ビレッジ店] MAP P157 ❹
🏠 307 E 14 St (@3 Ave)
🚇 L 3Ave
📞 212-533-7707
🕐 日-木10:00-4:00
　金土10:00-5:00

thehalalguys.com

[MH] Manhattan
XI'AN FAMOUS FOODS/BIANG!
シーアン・フェイマス・フーズ／ビャング！

シルクロードを感じる大人気の手打ち麺

　日本では珍しい西安料理のチェーン店。『西遊記』の舞台だけに、シルクロード経由のインドの食文化も入っている。05年にチャイナタウンでスタートし、ラム肉にクミンを効かせたガツンと辛い味つけや、手打ち麺の食感が評判を呼んでメディアに取り上げられ店舗を増やした。腕の立つ料理人が先祖代々の味をニューヨークで再現するのは珍しくないが、ウォン家は息子のジェイソンが大学でビジネスを学んで、コミュニティ外で闘えたところが強い。バーを併設してゆっくり食べられるビャング！をオープンするなど多角化しても、すべてのスープの味をまとめているのは移民一世の父親だ。「スパイシー」とついたメニューは、カウンターで辛さの好みを聞かれるので、よほどの辛い物好き以外は「マイルド」にしよう。

カジュアルな店構えのシーアン・フェイマス・フーズ。

[チャイナタウン店]　MAP P156 ㉝
🏠 67 Bayard St (bet Elizabeth & Mott Sts)
🚇 ⑥ⒿⓃⓆⓇⓏ Canal St
🕐 11:30-21:00（金土-21:30）

[イースト・ビレッジ店]　MAP P157 ㊴
🏠 81 St. Marks Pl (bet 1 & 2 Aves)
🚇 ⑥ Aster Pl
🕐 12:00-21:30（金土-22:30）

[ミッドタウン1号店]　MAP P161 ⑭
🏠 24 W 45 St (bet 5 & 6 Aves)
🚇 ④⑤⑥⑦Ⓢ 42 St Grand Central
🕐 11:00-20:30

[ミッドタウン2号店]　MAP P161 ㉕
🏠 14 E 34 St (bet Madison & 5 Aves)
🚇 ⒷⒹⒻⓃⓆⓇ 32 St-Herald Sq
🕐 11:00-20:30

[アッパー・イースト店]　MAP P162 ⑩
🏠 328 E 78 St (bet 1 & 2 Aves)
🚇 ⑥ 77 St
🕐 12:00-21:00（金土-21:30）

[アッパー・ウエスト店]　MAP P163 ⑤
🏠 2675 Broadway (bet W 101 & 102 Sts)
🚇 ① 103 St
🕐 11:00-21:00（金土-21:30）

[Biang! イースト・ビレッジ店]　MAP P157 ⑥
🏠 157 2 Ave (bet E 9 & 10 Sts)
🚇 ⑥ Aster Pl
🕐 月-木18:00-22:30
　金12:00-15:00、18:00-23:00
　土12:00-23:00、日12:00-22:30

💲 一品 $5.25-8.75
xianfoods.com

MAP 掲載なし
※Nトレインでブルックリンに入ってから4駅目

🏠 813 55 St (@8 Ave)
🚇 Ⓝ 8 Ave
📞 718-871-2880
🕐 9:00-23:00
$ 一品 $3.25-7.00
pacificanabrooklyn.com

ディムサム（飲茶）は一皿3つずつ入っている。

[BK] Sunset Park
PACIFICANA パシフィカーナ（海悦）

サンセット・パークの超ディープ飲茶スポット

　アメリカでもディムサム（点心）は人気で、ニューヨーク観光に訪れた他州からのツーリストもチャイナタウンを目指すほど。マンハッタンの有名店も手堅いけれど、ブルックリン最大のチャイナタウン、サンセット・パークまで足を伸ばすとさらにディープな世界が広がっている。結婚式場でもあるパシフィカーナは、平日でも点心の種類が豊富。小さめの肉まんやシュウマイは2ドル95セント、海鮮スープや骨付きカルビは5ドル95セント。カートを押しているサーバーには英語が伝わらないので、指で示して中身を確認しながらオーダーしよう。紙にハンコを押されて最後に合計するシステム。お茶がなくなったらフタをひっくり返すと、またお湯を注いでくれる。同じ駅に、甲乙つけがたい飲茶スポット、イーストハーバー・シーフード・パレス（714 65 St）がある。

PEKING DUCK SAND
AT VANESSA'S DUMPRINGS HOUSE

バネッサ・ダンプリング・ハウスの
北京ダック・サンド

セサミ・パンケーキと表記された中国北部の伝統的なごまパンに、北京ダックの具材であるアヒルの肉とネギ、キュウリ、ソースを挟んだ贅沢なサンドイッチ（3.75ドル）。脂の乗った肉と半径10センチある三角パンでボリュームたっぷり。餃子やフルーツ・スムージーも美味しい。ウィリアムズバーグ店とユニオン・スクエア店はメニューと値段が若干異なる。

チャイナタウン激安グルメ

CHEAP EATS IN C-TOWN

マンハッタンのチャイナタウンは、ソーホーやローワー・イーストサイドと隣接しているのに、いきなり価格帯が下がる。その中でもフーディーたちに知られる名品を案内しよう。

EGG TART & ZONGZI
AT DELUXE FOOD MARKET

3

徳昌食品市場のエッグタルトとちまき

スーパーマーケット、徳昌食品市場の奥の惣菜カウンターとパン屋にも激安グルメが潜んでいる。惣菜では竹の葉にくるんだちまきが食べ応えたっぷりでイチ推し。パン・コーナーでは、エッグ・タルトが人気でいつも列ができている。カウンターで食べ物を受け取って、改めてレジに並ぶ。

2

PORK CHOP
AT MAY-WAH FAST FOOD

メイワー・ファスト・フードのポーク・チョップ

素揚げのポーク・チョップとチキンレッグ（各2ドル）で有名な台湾料理店。高菜漬けに似た味のホットベジタブルと一緒にご飯に乗せたメニューを頼む人が多いが、細切れの豚とホットベジタブルを乗せたヌードルもポイントが高い。テイクアウト専門店が向かって右側、食堂は左側なので注意。

78　Chapter4 移民文化を食べ尽くせ

BAKED ROAST BUN
AT MEI LI WAH BAKERY
メイ・リー・ワー・ベーカリーのポークバン

　一番人気の甘辛チャーシューの煮物がたっぷり入ったまん丸のパンは、日本人にはホッとできる味だ。飛ぶように売れるため、出来たてに当たる確率も高い。生地が2種類ある肉まんは、鶏肉と豚のソーセージ、卵がガツンと入ったコンビネーション・バンがおすすめ。

FRIED DUMPLING
AT TASTY DUMPLING
テイスティ・ダンプリングの餃子

　ニラと豚、もしくはキャベツと豚の焼き餃子が5つで1.25ドル。日本より皮が厚く、食感が違う。10個入りの水餃子より焼き餃子の方が断然美味しい。酢醤油、ホットソースはセルフサービスで。非アジア系の男性が頬張っている姿も見られ、「餃子最強説」を再確認できる。

HAND-PULLED NOODLE
AT TASTY HAND-PULLED NOODLES
テイスティ・ハンドプルド・ヌードルズの手打ち麺

　キッチンで打ったばかりの麺を出す超穴場。スープの湯麺と焼きそばの炒麺の2種類があり、麺も太さと切り方を変えて数種類ある。チキンとエビの炒麺で8.75ドル。ミッドタウンの2号店は3ドルほど値段が上がるが、それでも周囲の平均を考えると価格破壊だ。

---

1 Vanessa's Dumpling House
バネッサ・ダンプリング・ハウス
- 118 A Eldridge St [MAP] P156 ㉗
  (bet Grand & Broome Sts)
- 212-625-8008
- 月−土10:30-22:30、日10:30-22:00
- ごまパンのサンドイッチ $2-
  餃子 $1.50-、ドリンク $1.25-
vanessas.com

2 May-Wah Fast Food
メイワー・ファスト・フード
- 190 Hester St [MAP] P156 ㉚
  (bet Baxter & Mulberry Sts)
- 212-925-6428
- 月−土9:00-21:00、日9:00-20:00
- ヌードル $4.50-
www.maywahfastfood.com

3 Deluxe Food Market
デラックス・フードマーケット
- 79 Elizabeth St [MAP] P156 ㉙
  (bet Hester & Grand Sts)
- 212-925-5766
- 7:00-20:30
- エッグタルト $0.50
  ちまき $2.75-

4 Mei Li Wah Bakery
メイ・リー・ワー・ベーカリー
- 64 Bayard St [MAP] P156 ㉜
  (bet Mott & Elizabeth Sts)
- 212-966-7866
- 7:00-22:30
- ポークバン $1、肉まん $1.5-
meiliwah.com

5 Tasty Dumpling
テイスティ・ダンプリング
- 42 Mulberry St [MAP] P156 ㉞
- 212-349-0070
- 9:00-20:30
- 餃子 $1
www.tastydumplingnyc.com

6 Tasty Hand-Pulled Noodles
テイスティ・ハンドプルド・ヌードルズ
- 1 Doyers St (@Bowery) [MAP] P156 ㉟
- 212-791-1817
- 10:30-22:30 (土曜定休)
- ヌードル $6-、餃子 $3.75-
www.tastyhandpullednoodlesnyc.com

地下鉄は共通
⑥ⒿⓃⓆⓇⓏ Canal St

HOW THE RAMEN BOOM HAPPENED

ラーメン・ブームはどこから？

「めちゃくちゃ美味しいラーメンを食べたかったら、里帰りするしかない」。10年前くらいまで、ニューヨークに住む日本人はこう思っていた。それが、だ。イースト・ビレッジでモモフク・ヌードル・バーと一風堂がしのぎを削っていると思ったら、空前のラーメン・ブーム到来。豚骨、醤油、味噌ラーメン。伝統的なタイプはひと通り揃っている。店舗数は増える一方で、居酒屋や焼鳥屋が夜中に裏メニューとして時間限定で出すなど、全容はとても把握し切れない。ブームの理由は、案外、シンプルな要因が大きいと思う。ブームのずっと前から、アメリカのスーパーや小さな食料品店の棚には、1袋50セント以下の袋麺やカップヌードルがあって、手軽で安い食事として浸透していた。「フュエルド・バイ・ラーメン（栄養源はラーメン）」という名の人気のレコード・レーベルもあるし、ブルーノ・マーズにインタビューした際、「売れる前は、ラーメンばかり食べていた」と言っていた。彼らのようにインスタントラーメンを節約飯と捉えた世代が成長して、一杯15ドルのラーメンをSNSに載せ、口コミサイトに書き込む。いまや、ラーメンを語ること自体、カッコいい行為なのだ。

[MH] East Village
MOMOFUKU NOODLE BAR
モモフク・ヌードル・バー

上：ブレックファースト・ラーメンは、ローワー・イーストサイド店は週末のみ。

明大前で修行してつかんだアメリカン・ドリーム

2004年にオープンし、アメリカでのラーメンの味と値段とハードルを一気に上げたエポック・メイキングな店。60席弱の店内は店員も客も気合いが入った、緊張感のある空間だ。仕掛人のデイビッド・チャン氏は、韓国系アメリカン。ニューヨークの一流店でファイン・ダイニングを、東京は明大前のそば屋で職人気質を学んだ。ヌードル・バーを当ててから、超高級店のCo.やスイーツのデザート・バーなど多角経営している。

MAP P157 ①
171 1 Ave (bet E 10 & 11 St)
⑥ Aster Pl Ⓛ 1 Ave
212-777-7773
月-金12:00-16:30、17:30-23:00 (金-1:00)
土12:00-16:00、17:30-1:00
日12:00-16:00、17:30-23:00
$$ ラーメン $14-17、バンズ $11-13
noodlebar-ny.momofuku.com

[MH] Lower East Side / Midtown
IVAN RAMEN
アイバン・ラーメン

出汁にチェダーチーズを溶かした新しい味

大の親日家で、日本語の学位まで獲得したアイバンさんが行き着いたのがラーメン稼業。東京で力をつけた後、生まれ育ったニューヨークで2店舗を展開中だ。自然な食材にこだわり、鶏の出汁で作ったスープと、ライ麦と全粒粉の麺を組み合わせた。定番は東京塩ラーメンだが、珍しいブレックファースト・ラーメンにチャレンジしたい。出汁にチェダーチーズを溶かし込んだ濃厚なスープが太目の麺によく絡む、和風カルボナーラといった味わいだ。

[ローワー・イーストサイド店] MAP P157 ②
25 Clinton St (bet E Houston & Stanton Sts)
Ⓕ Delancey St ⒿⓏ Essex St
646-678-3859
月-金12:00-15:30、17:30-23:00　土日12:00-16:00、17:30-23:00

[ミッドタウン店 (ゴッサム・マーケット内)] MAP P160 ⑥
600 11 Ave (bet 44 & 45 Sts)
ⒶⒸⒺ 42 St
212-582-7942
日-木11:00-23:00、金土11:00-24:00
$$ ラーメン $15-18、前菜 $7-12、肉料理 $8-16
www.ivanramen.com

ローワー・イーストサイド店は週末のブランチ・メニューとして提供している。

[MH] Chinatown
BASSANOVA RAMEN
バサノバ・ラーメン

NYタイムズ紙が絶賛した変化球ラーメン

　チャイナタウンの真ん中にある、こざっぱりした店。世田谷にある本店が編み出した豚濁和出汁が人気の秘密。「ニューヨーク・タイムズおすすめ」とあるレモン・ジンジャーは、レモンが表面を覆っている変わりダネ。汁の熱でレモンの味がどんどん滲み出て、味が変わるのが楽しい。一番人気のタイカレー・ラーメンは、ココナッツの風味で東南アジアが強いかと予想したら、食後感はきちんとラーメンだった。

MAP P156 ㉛
- 76 Mott St (@Canal St)
- ⑥ⒿⓃⓆⓇⓏ Canal St
- 212-334-2100
- 月-木12:00-15:30、17:30-21:30、金-日12:00-22:30
  ※ハッピーアワー有
- $$ ラーメン $13-15、前菜 $5-7

bassanova-ramen.com

海をモチーフにしたインテリアの店内。

[MH] Chelsea
JUN MEN RAMEN BAR

ジュンメン・ラーメンバー

贅沢なウニ混ぜ麺をチェルシーで

　トライベッカの人気和食店Zuttoのシェフが出したラーメン店。スパイシー味噌やキムチ・ラーメンなど辛いラーメンが得意。特筆すべきは、ウニ・マッシュルームの混ぜ。ローストしたパンチェッタとポルチーニ茸のバター炒め、トリュフ・オイルなどの具材をパルメザンチーズでまとめたパスタに近いが、主役はウニ。甘辛のチャイニーズ・ソーセージとトビコを入れたキムチ・チャーハンもニューヨークならではの和食だ。

MAP P160 ㉗
- 249 9 Ave (bet W 25 & 26 Sts)
- ⒸⒺ 23 St ① 28 St
- 646-852-6787
- 月-木11:30-15:00、17:00-22:00
  金土11:30-15:00、17:00-23:00（日曜定休）
- $$ ラーメン $14-18、前菜 $6-14

www.junmenramen.com

お酒はビールと焼酎をサーブする。

評判のポークボーン・ラーメン$15。

MAP P165 ⑳
🏠 565 Vanderbilt Ave (@Pacific St)
🚇 ②③④⑤ⒷⒹⓃⓆⓇ Atlantic Ave
　Ⓒ Clinton-Washington
📞 347-425-9570
🕒 日-水12:00-15:00、17:30-22:00
　木-土12:00-15:00、17:30-23:00
$$ ラーメン $15、前菜 $5-8
barchuko.com/chuko-ramen
※〔ウィリアムズバーグ店〕も有

[BK] Prospect Heights

CHUKO RAMEN
チューコ・ラーメン

一流シェフが計算したバランスのいいラーメン

　ザガットで27点を獲得。オーナーは、アメリカ版『料理の鉄人』でおなじみのモリモトで修行したラーメン好きのアメリカ人シェフ3人。店名は「ビンテージ」を「中古」と訳してニュアンスが変わったらしい。汁ものはたいてい食べ始めが一番美味しいが、ここのラーメンはスープと細かく切ったメンマとレタスが麺に絡む量が絶妙で、途中から調子が出てくる。独特の噛み応えのケール・サラダも評判。2016年夏に通りを挟んだ場所に移転・拡張する。

COLUMN

ポーク・バンズ問題

　ラーメン・ブームで私が勝手に心配している案件がある。アメリカのラーメンの相棒が、日本とは違うのだ。ラーメン&餃子の鉄板コンビが、海を渡る途中で手を離してしまった。ダンプリングこと餃子がチャイナタウンでくすぶっているのを横目に、華々しく相方を務めているのは、ポーク・バンズ。二つ折りにした肉まんの皮によく似た厚めの生地に、分厚いチャーシューなどの具材を挟み、ホットソースとマヨネーズが隠し味。色白でジューシー、食材の組み合わせが絶妙でスペシャル感はあるものの、「肉まんの変形」と捉えるとだいぶ高い。チャイナタウンの超良心価格の肉まんを知っていると心から応援できないが、アメリカ人には大ウケで、ラーメンとセットで頼む人多数。そこで、だ。2020年、アメリカ人がオリンピック観戦で来日したときに、このおしゃれポーク・バンズが見当たらなくて戸惑うのでは。皮も売られているし、東京近郊のラーメン屋さん、ぜひ準備してください。

[MH] Harlem

ROKC
アール・オー・ケー・シー

魚介スープとオイスターで
ハーレムから参戦

　店名はラーメン、オイスター、キッチン、クラフトカクテルの頭文字から。その名の通り、ラーメンと牡蠣の珍しい取り合わせのラーメン店だ。カツオの魚介ベースと玉ねぎのスープの東京ラーメンと、バター味噌が効いた札幌ラーメンはどちらも満足度が高い。9種類揃えている生牡蠣は、ハッピーアワーは1ドル5セントからとお得。エンジェルズ・シェア(P143)出身のバーテンダーが作るカクテルも話題だ。

盛りつけが美しい主カラーメン2種。

MAP 掲載なし
※コロンバス・サークルから
1ラインで12駅

🏠 3452 Broadway
　(bet W 140 & 141 Sts)
🚇 ①137 St ⒶⒷⒸⒹ145 St
🕐 月-金16:00-24:00(金-1:00)
　土14:00-1:00、日14:00-24:00
$$ ラーメン $13-15
※オイスター・ハッピーアワー有 16:00-18:00
rokcnyc.com

[BK] Brooklyn

RAMEN BURGER
ラーメン・バーガー

日系人が発明した新しい味が大ヒット

　ラーメン・ブームを面白い角度で牽引しているラーメン・バーガーも紹介しよう。日系3世のケイゾウ・シマモト氏は、年間500杯以上を食べるラーメン・ブロガーとしてスタート。その後、東京で修行を積んでラーメン・バーガーを考案、スモーガスバーグ(P88)を中心に週末のフードマーケットで販売し、多くのファンを魅了。日本人の味覚だと、高級な牛ひき肉を大量に入れたとても美味しい焼きそばだ。口の中で様々な味覚が混ざるのはハンバーガー寄りだが、食後感は和食という楽しい体験ができる。

スモーガスバーグ(P88参照)
www.ramenburger.com

冬は室内で行われるブルックリン・フリーマーケットでも大人気。

［プロスペクト・ハイツ店］ [MAP]掲載なし
- 791 Park Pl (@Nostrand Ave)
- ⒶⒸNostrand Ave　⒮Prospect Pl
- 718-450-3976
- 日～水11:00-23:00
  木11:00-24:00
  金土11:00-1:00

［フラットブッシュ店］ [MAP]掲載なし
- 738 Flatbush Ave
  (bet Parkside & Clarlson Aves)
- Park Side Ave
- 646-683-6012
- 10:00-6:00
- thehalalguys.com

[BK] Crown Heights / Flatbush

PEPPA'S JERK CHICKEN

ペッパーズ・ジャークチキン

PICK UP!

ブルックリンの本格派ジャマイカ料理

　アメリカにおけるラーメンほどではないが、日本でジャークチキンをカフェメニューなどで見かけるようになった。だが、辛い味つけだけ取り入れて、焼き加減が全く違うケースがほとんど。ジャマイカなどカリブの島まで行かずとも、ブルックリンで本場の味が楽しめる。3店舗あるペッパーズ・ジャークチキンでは、ジャマイカと同じドライラブで下味をつけ、炭火でじっくり火を通している。焼きあがったチキンを、ブッチャーズ・ナイフを振り下ろして切り分ける様は、豪快そのもの。フラットブッシュ店が元祖だが、プロスペクト・ハイツ店はイートインスペースがあって便利だ。ジャマイカ流に、ケチャップとポッチボネットのホットソースをかけて食べよう。

MUST CHECK! FOOD HALLS & GROCERY STORES

Chapter 5　外せないフードホールと食料品店巡り

　フーディー・ブームを支えているのが、フードホール。人気店を集めたフードコートで、最新の流行のため、まだフードコートとフードホールと呼び方が混在している。仕掛ける側は、高級感が漂うイギリス式のフードホールが好ましい様子なので本書もそれでいく。先駆者は、高級食材と人気レストランを集めたチェルシー・マーケットと、日本のデパ地下をグレードアップしたようなプラザ・ホテル。アンティークの青空フリーマーケット、ブルックリン・フリーに集まったブルックリン・グルメが独立したスモーガスバーグも大ブレイクし、新しいニューヨーク観光の目玉になった。さらに、これの屋内版のようなフードホールも、オフィス街に激増中。魅力は、一番人気のサンドイッチやタコス、ドー

ナツ、コーヒーを本店に行かなくても食べられる点。ランチはもちろん、会社帰りに一杯飲めるようにビールを出す店もあり、一人旅や女性だけでも安心して楽しめる。

　また、オーガニック・ブームを受けて、人気のグローサリー・ストアー（食料品店。大型店がスーパーマーケット）もここ10年で様変わりし、ホールフーズとトレーダー・ジョーズはいつ行っても混んでいる。地産地消を意識した、近郊の農家によるグリーン・マーケットやファーマーズ・マーケットと呼ばれる直売マーケットも広がっている。専門店のスペシャリティ・ショップは、流行を反映したグルメ系と、祖国の食文化を持ち込んだ老舗の両方があり、どちらも珍しくて楽しい。

[BK] Williamsburg / Prospect Park

SMORGASBURG/ BERG'N

スモーガスバーグ／バーグン

ハンサム・ハンクスのフィッシュ&チップス$11。
ソースやマヨネーズが数種類あって飽きない。

フーディー・ブームの震源地的フード・マーケット

　ブルックリン・フリー・フードマーケットが正式名称だが、本家の蚤の市よりグルメ部門のスモーガスバーグのほうがずっと有名になってしまった。語源は、スウェーデン語でビュッフェを意味するスモーガスボード。4月から10月までウィリアムズバーグのイースト・リバー沿いと、セントラル・パークより広いプロスペクト・パークの2カ所で開催される。スタート以来、何度かロケーションが変わっているので、訪れる前にウェブサイトでチェックしよう。出店がずらりと並び、お祭りのような高揚感がありつつ、散歩のついでに行ける気軽さがいい。マイティ・クィンズ・バーベキュー（P23）やポーチェッタ（P105）などガッツリ肉系やラーメン・バーガー（P84）、ドウ（P122）のドーナツあたりがレギュラー。アイディア勝負の変わった食べ物も多いので、見た目と名前で味が想像できるものを選ぼう。ちなみに、SNS映えで話題になった透明なレインドロップ・ケーキの正体は、何を隠そう日本でも話題の水信玄餅だ。プロスペクト・パーク版はブルックリン美術館に近い入り口からだと遠いので、必ずリンカーン・ロード口から入ること。冬の週末は、屋内で開かれるブルックリン・フリーに併設される。スモーガスバーグの屋内版がバーグン。店舗数は少ないが、平日もオープンしているのでビヤホールやカフェ感覚で使える。

[ウィリアムズバーグ] MAP P166 ❹
- East River State Park
  (90 Kent Ave @N 7 St)
- (L)Bedford Ave
- 土11:00-18:00（4～10月のみ開催）

[プロスペクト・パーク] MAP P165 ㉜
- Prospect Park, Breeze Hill
  (Lincoln Rd Entrance)
- (Q)(S)Prospect Park
- 日11:00-18:00（4～10月のみ開催）

www.smorgasburg.com

[バーグン／クラウン・ハイツ] MAP P165 ㉖
- 899 Bergen St (bet Classon St & Flanklin Ave)
- (C)(S)Franklin Ave
- 火-金9:00-深夜、土日10:00-深夜
  （月曜定休）

www.bergn.com

お土産にぴったりのクィーン・マジェスティ・ホットソース。

屋内版スモーガスバーグのバーグンは通年オープン。

[MH] Midtown

THE PLAZA FOOD HALL
ザ・プラザ・フードホール

伝統あるプラザ・ホテルの地下でグルメ体験

　5番街でのウィンドウ・ショッピングや、ドラマ『ゴシップガール』が好きな人は、このフードホールへ。プラザ本体は歴史と迫力のあるホテルで、映画のセットに紛れ込んだようなラウンジ、ザ・ローズ・クラブでお茶を飲むだけでも相当な気合いがいる。その点、地下のフードホールなら敷居が低いし、インスタントに優雅な気分を味わえる。キャビア専門店など超高級な店と、入りやすいエドズ・ロブスター、ビリーズのカップケーキなどが混在。レディ・Mのミル・クレープもある。光が差し込む窓際のベンチでくつろぐのもよし、いろいろ買い込んで道を渡ったところにあるセントラル・パークに行くのもよし。既視感があるなあ、と思ったら2010年に閉まったニューヨーク高島屋と同じ客層だ、と合点した。ミッドタウンに出張中のランチにも使いやすい。

映画『追憶』、『ホーム・アローン2』も撮影された。

ケープコッド発のフレンチ・スタイル・ベーカリー、パン・ダビニョン。

MAP▶P161 ❷
🏠 1 W 59 St (@Central Park South)
🚇 Ⓝ Ⓡ Ⓠ 5 Ave / 59 St
📞 212-759-3000
🕐 月〜土8:00〜21:30、日11:00〜18:00
www.theplazany.com/dining/foodhall

90　Chapter5　外せないフードホールと食料品店巡り

MAP P164 ❶
🏠 445 Albee Square West
🚇 B Q R Dekalb Ave
📞 929-359-6555
🕐 月〜木7:00-22:00
　金土7:00-24:00
💲
www.dekalbmarkethall.com

アンダースタディー・バーは、早い時間からパーティー状態になっていた。

[BK] Downtown

DEKALB MARKET HALL
ディカルブ・マーケット・ホール

ブルックリンに巨大フードホール出現

　スタジアムのバークレー・センターができて以来、加速度的に発展しているダウンタウン・ブルックリンに、チェルシー・マーケットの向こうを張る大きさのフードホールがオープン。スーパーのトレーダーズ・ジョー(P99)のほか、40軒ものベンダーが入っている。目玉は、2号店を初めて出すカッツ・デリカテッセン(P65)。そのほか、サンドイッチやロール、ヌードルなどブルックリン内の優良店の人気メニューがひしめき合っているだけあって、活気がある。おもしろいのが、昼間から開いているアンダースタディー・バー。私が行ったときはサルサ・ナイトで盛り上がっていた。観光客でも気軽に入れる雰囲気なので、パスポートなど身分証明書を忘れずに行ってみよう。

91

[MH] Midtown

URBANSPACE VANDERBILT
アーバンスペース・バンダービルト

便利なロケーションにあるフードコート

　フードホールの増え方は凄まじく、マンハッタン内では主要エリアの殆どにある。その中では、グランドセントラル駅のすぐ北にあるアーバンスペース・バンダービルトが便利だ。ロベルタズのピザ、ドウ（P122）のドーナツ、レッドフック・ロブスター・パウンドなどのブルックリン・グルメほか、一風堂がプロデュースする黒帯ラーメンもある。ギリシャのジャイロや、フムスの専門店もあり、いろいろ買って仲間と分けながら食べると楽しい。明るく開放的なスペースで、食事をしなくても、トビーズ・エステートのコーヒーを飲みながら、待ち合わせに使う手もある。夕方には、帰路につく前のビジネスマンやOLがビールを片手に喋っている、ミッドタウンらしい光景が見られる。

MAP P161 ⑮
- 230 Park Ave (@E 45 St)
- ④⑤⑥⑦Ⓢ 42 St Grancentral
- 646-747-0810
- 月−金 6:30−21:00、土日 9:00−17:00
urbanspacenyc.com/urbanspace-vanderbilt

右：メキシカンに和食を合体させたタクミ・タコのベントー・ボックス $11.71。

92　Chapter5　外せないフードホールと食料品店巡り

[MH] Midtown

GRAND CENTRAL DINING CONCOURSE

グランドセントラル・ダイニング・コンコース

MAP P161 ⑰
🏠 89 E 42 St
　(bet Vanderbilt & Lexington Aves)
🚇 ④⑤⑥⑦Ⓢ 42 St Grancentral
🕐 月〜木6:30-23:00
　金土7:00-21:00、日11:00-18:00
www.grandcentralterminal.com/dining

駅構内のコンコースでグルメ体験

　地下鉄とニューヨーク州の北部に伸びるメトロノースがあるグランドセントラル駅、通称グラセンは、建物を見るだけでも訪れる価値がある。地下のダイニング・コンコースではオイスター・バーが有名。ピザのトゥー・ブーツやチーズケーキのジュニアズ（P115）もフル・サービスのレストランだ。フードホールには、ハンバーガーのシェイクシャック、マグノリア・ベーカリー（P114）、ジョーズ・コーヒーにカフェ・グランピーなどが揃っている。レキシントン・アベニュー側のマーケットにも店はあるが、座って食べられるダイニング・コンコースは地下1階なので階下に降りよう。昔からのベンチを配し、トレンド感がない代わりに、たくさんの人生が行き交う駅特有のノスタルジックな雰囲気がある。駅構内は、アップル・ストアや交通博物館の展示場もあるので、悪天候のときはグラセンで遊ぶのもいい。

大人気のマグノリア・ベーカリーの列も比較的短い。

[MH] Chelsea

CHELSEA MARKET
チェルシー・マーケット

ローカル・グルメを集めるブームの発火点

　フードホールの枠に収まらない、ニューヨーク・グルメを一カ所に集めたフーディー・ブームの先駆者的マーケット。元々、チェルシーはアーティスティックで大人っぽいエリアだった。ここを起点にハドソン川沿いの倉庫が多かったミート・パッキング・ディストリクト一帯におしゃれな店が集まり、高架上を改造した公園、ハイラインができて、マンハッタンで一番の注目エリアに変身。マーケット内でも食べられるが、暖かい時期ならロブスター・パウンドのロブスター・ロールや、何を買っても美味しいエイミーズ・ブレッドでペイストリー、ヌンパン（P109）のサンドイッチを買ってハイラインに上がってみよう。キッチン用品専門店や日持ちのするスイーツやスパイスが揃い、おみやげの調達にもバッチリ。ただし、ヨーロッパからの輸入品も多いので、ニューヨーク産にこだわるなら、老舗のライラック・チョコレートやブルックリンの手作りスイーツ、リダビット・スイーツがおすすめ。

94　Chapter5 外せないフードホールと食料品店巡り

プロ意識が高く、気さくな店員さんが多い。

MAP P159 ❷
🏠 75 9 Ave (@W 15 St)
🚇 Ⓐ Ⓒ Ⓔ 14 St Ⓛ 8 Ave
☎ 212-652-2121
🕐 月-土7:00-21:00
　 日8:00-20:00
www.chelseamarket.com

95

[MH] Union Square

UNION SQUARE GREENMARKET
ユニオン・スクエア・グリーンマーケット

週末の市場で住人気分を

　エコに対する意識が高まり、地産地消を打ち出した店や青空市が盛況だ。ユニオン・スクエアのグリーン・マーケットとファーマーズ・マーケット(曜日によって主催者と名称が変わる)はその動きの先駆けで、規模も大きい。通年で月、水、金、土曜に開かれている。旅行中、生鮮食品はいらないとしても、手作りのタルトやカップケーキ、産地直送のアップルサイダーを買ってベンチで食べると楽しい。おすすめは、アンドリューズ・ロウ・ハニー。スーパーフードとして注目されている生ハチミツの店で、京都に住んでいたため日本語を話すアンドリューさんが違いを説明しつつ、味見をさせてくれる。

MAP P159 ⓫
🏠 E 17 St & Union Square
🚇 ④⑤⑥ⓛⓝⓠⓡ Union Sq
📞 212-788-7476
🕐 月、水、金、土 8:00-18:00
www.grownyc.org/greenmarket/manhattan-union-square-m

96　Chapter5　外せないフードホールと食料品店巡り

手作りらしいちょうどいい
甘さのスイーツ。

COLUMN　菜食主義に優しい街　ニューヨーカーの健康志向

　アメリカらしい食事の代表格がハンバーガーだったり、肥満児が多すぎて甘いソーダが課税されたり。アメリカ人はあまり健康的なイメージはないけれど、食に気を付けている人は徹底していて、無頓着な人との差が激しいのが実態だ。動物性の食品を食べないベジタリアンは日本よりずっと多く、ほとんどのレスランにベジタリアン向けのメニューがあるし、卵や乳製品を含めて使われていないか、サーバーもきちんと把握している。近頃、隠れアレルギーの人が多いと話題になっているのが、小麦粉。それを反映して、グルテン・フリーのメニューが目につくようになり、小麦粉を全く使わないベーカリーや専門のレストランも登場している。ベジタリアン・メニューのいいところは、消化しやすいこと。旅行中、食べ過ぎているな、と思ったときは利用しよう。

97

GROCERY STORES & SPECIALITY SHOPS

オリーブの品揃えも豊富。

[MH] Manhattan / [BK] Gowanus

WHOLE FOODS MARKET
ホールフーズ・マーケット

信者級のファンが多いオーガニック・スーパー

　アメリカ人はカロリーを気にしない人と、菜食主義者など食にとことん気を使う人の差が激しい。後者に圧倒的な人気を誇るのが、ホールフーズ。人工的な甘味料や着色料、トランス脂肪酸が入っている商品を避け、地産地消を重視。おまけに、センスもいい。西海岸発祥のスーパーだが、ニューヨーカーにも大人気で店舗数を増やし、地下鉄でここの紙袋やエコバッグを持つ人をよく見かける。アマゾン傘下に入って価格帯が下がり、とくに自社ブランドの365エブリデー・バリューは手頃だ。旅行中に利用したいのが、フードコート。あれこれ量り売りで食べられ、サンドイッチも美味。オーガニックの化粧品、バス用品が揃うホール・ボディーの売り場では、おみやげ向きの石鹸やリップクリームが見つかる。ローワー・イーストサイド店とチェルシー店は食料品と売り場が別のため、品揃えが豊富で会計も楽だ。どの店舗も夜11時まで開いている。

[ユニオン・スクエア店] MAP P159 ㊱
🏠 4 Union Square S
　(bet University Pl & Broadway)
🚇 ④⑤⑥Ⓛ Ⓝ Ⓠ Ⓡ 14 St Union Square
☎ 212-673-5388 🕐 7:00-23:00

[コロンバス・サークル店] MAP P160 ㉞
🏠 10 Columbus Cir (@W 58 St)
　Time Warner Center内
🚇 ⒶⒷⒸⒹ59 St-Columbus Cir
☎ 212-823-9600 🕐 7:00-23:00

[ミッドタウン・イースト店] MAP P161 ㉝
🏠 226 E 57 St (bet 2 & 3 Aves)
🚇 ④⑤⑥ⓃⓆⓇ59 St
☎ 646-497-1222 🕐 7:30-23:00

[チェルシー店] MAP P159 ㊴
🏠 250 7 Ave (@E 24 St)
🚇 ①23 St
☎ 212-924-5969 🕐 7:30-23:00

[ローワー・イーストサイド店] MAP P157 ㊶
🏠 95 E Houston St (@Bowery)
🚇 Ⓕ2 Ave
☎ 212-420-1320 🕐 8:00-23:00

[アッパー・イースト店] MAP P162 ⑰
🏠 1551 3 Ave (bet E 87 & 88 Sts)
🚇 ④⑤⑥86 St
☎ 646-891-3888 🕐 7:00-23:00

[アッパー・ウエスト店] MAP P163 ⑱
🏠 808 Columbus Ave (@W 97 St)
🚇 ①②③96 St ⒶⒷⒸ96 St
☎ 212-222-6160 🕐 7:30-23:00

[ゴワナス店] MAP P164 ㉛
🏠 214 3 St (@3 Ave)
🚇 ⓇUnion St
☎ 718-907-3622 🕐 8:00-23:00

www.wholefoodsmarket.com

98　Chapter 5　外せないフードホールと食料品店巡り

[ユニオン・スクエア店] MAP P159 ❸❼
🏠 142 E 14 St (bet 3 & 4 Aves)
🚇 ④⑤⑥ⓁⓃⓆⓇUnion Square
📞 212-529-4612

[チェルシー店] MAP P159 ❸❽
🏠 675 Ave of America
  (bet W 21 & W 22 Sts)
🚇 ①23 St
📞 212-255-2106

[アッパー・ウエスト店] MAP P162 ❷⓿
🏠 2073 Broadway (bet W 71 & 72 Sts)
🚇 ①②③72 St
📞 212-799-0028

[コブル・ヒル店] MAP P164 ❹
🏠 130 Court St (@Atlantic Ave)
🚇 ②③④⑤Borough Hall ⓇCourt St
📞 718-824-8460
🕐 8:00-22:00
www.traderjoes.com

昔の銀行を改装した
コブル・ヒル店。

[MH] Manhattan／[BK] Cobble Hill

TRADER JOE'S
トレーダー・ジョーズ

かわいいパッケージのおみやげが見つかる

　ホールフーズと人気を二分するヘルシー系スーパー。商品の8割が自社ブランドのため価格が安く、いつも長蛇の列ができている。おすすめはP131で紹介したスイーツ類と、ヒマラヤン・ソルトやレインボー・ペッパーなどの調味料。豆腐やワサビを使ったお菓子など、日本に近い食材はトレーダー・ジョーさん (Trader Joe-San) と入っていて面白い。ユニオン・スクエア店に併設されたトレーダー・ワインは激安でびっくりする。

[MH] Lower East Side

RUSS & DAUGHTERS
ラス&ドーターズ

1世紀以上続く信頼のユダヤ系食料品店

　1914年創業のユダヤ系食料品店。昔、家族経営の店は「〇〇と息子たち（〇〇&サンズ）」と名乗ることが多かったのが、ラスさんには息子がいなかったため、「ラスと娘たち」になった。ニューヨークNo.1とも言われるベーグルと自家製スモークサーモンのベーグル&ロックスもいいし、実はチョコレートを使ったスイーツも美味しい。グラハム・クッキーのチョコレートがけは、日本人でも食べやすい上品な甘さでおすすめだ。カフェは66ページで紹介。

MAP P157 ❹❷
🏠 179 E Houston St (bet Allen & Orchard Sts)
🚇 Ⓕ2 Ave
📞 212-475-4880
🕐 月-金8:00-20:00、土8:00-19:00、日8:00-17:30
www.russanddaughters.com

上：ニューヨークで一番と言われるベーグルの売り場。

GROCERY STORES & SPECIALITY SHOPS

[BK] Cobble Hill

SAHADI'S
サハディーズ

MAP P164 ❸
- 187 Atlantic Ave (bet Court & Clinton Sts)
- ②③④⑤ Borough Hall
- 718-624-4550
- 月〜土9:00-19:00（日曜定休）
- www.sahadis.com

ブルックリン・ミーツ・昭和な良心的食材店

　コブル・ヒルからボーレム・ヒルにかけて、最近はすっかりおしゃれな界隈と紹介されるが、目抜き通りのアトランティック・アベニュー沿いは、少し前まで中近東系の店とかアンティークの家具店が集まる渋い通りだった。グルメショップと乾物屋が合体したサハディーズは、その伝統を引き継ぐ老舗。ナッツとドライフルーツの量り売りコーナーは、国が違うのに昭和を思い出す佇まい。「昔ながらのブルックリン」を見学に訪れた小学生グループと出くわしたこともある。良質のオリーブや香辛料、コーヒー、チーズから、ソルトウォーター・タフィーやホットハニーなどブルックリン産の人気の嗜好品まで揃っている。ここでコーヒーとおやつを買って西へ5分、川沿いの公園、プロムナードのベンチで摩天楼と自由の女神、ブルックリン橋を眺めながら食べるのもいい。

シェフも買い出しに来る迫力の香辛料コーナー。

右：親切なマーロウ&サンズの店員さん。

[BK] Williamsburg

MARLOW & DAUGHTERS

マーロウ&ドーターズ

MAP P166 ⑯
- 95 Broadway (@Berry St)
- Ⓙ Ⓜ Ⓩ Marcy Ave
- 718-388-5700
- 11:00-20:00（日-19:00）

marlowanddaughters.com

ブルックリン最先端の食がわかる肉屋さん

　食文化に独自の哲学を持ち込み、ダイナー（P39）やワイスホテルを成功させたアンドリュー・ターロウ氏が手がける食肉店。奥で肉を捌いている様子は見ものだが、旅行中ならチーズや日本の柚子胡椒まで並んでいる調味料やジャムのコーナーが実用的だろう。チーズと一緒に食べるパンは、系列店のシー・ウルフ・ベーカリーのパンが置いてある、近所のマーロウ&サンズに立ち寄ろう。

チーズ通は満足できること
請け合い。

[MH] Chelsea ／ [BK] Carroll Gardens

STINKY BKLYN

スティンキー・ブルックリン

[キャロル・ガーデンズ店] MAP P164 ㉙
- 215 Smith St
  (bet Baltic & Butler Sts)
- Ⓕ Ⓖ Bergen St
- 718-596-2873
- 月水11:00-20:00
  木-日10:00-21:00（日-20:00）

www.stinkybklyn.com

ポップな店構えの本格派チーズ・ショップ

　「くさい」を店名につけた、ユーモラスなチーズ・ショップ。世界各国のチーズが揃っていて評判は上々だ。お酒のつまみに合うソーセージやハム、パンが揃っているので、夜、ホテルで軽く飲みたいときの買い出しにぴったり。ポップなロゴのオリジナル商品や、おみやげ向きのスイーツもたくさん。窓際にスツールがあるので、店内でも食べられる。

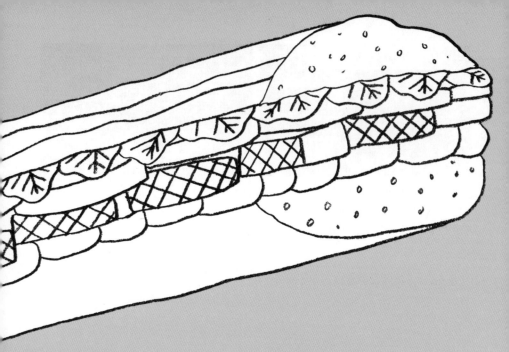

SANDWICHES THAT YOU WILL LIKE

Chapter 6
ベスト・サンドイッチ

「アメリカらしい食べ物」を聞かれたら、私は一番にサンドイッチを推したい。食パンにピーナッツバターとジェリーだけを挟んだ子どものお弁当から、サブマリン（潜水艦）の形をしたパンに具材をこれでもか、と詰め込んだサブまで。10年以上前、サンドイッチのドキュメンタリーをたまたま観た。ホストを務める男性が全米各地の名物サンドの店を回って、人気のサンドイッチと、作り手とお客さんのコメントを延々と紹介するだけの番組。地味ながら、アメリカ人のサンドイッチ愛が伝わってきて、とても幸せな気分になった。検索したところ、その『Sandwiches That You Will Like（きっと好きになるサンドイッチ）』はカルト的な人気を誇り、DVD化されて一部がYouTubeで観られるほど。アメリカ人の舌と、サンドイッチ愛を侮ってはいけないのだな、と強く思った。あの夜中の、「ほぉーっ」と感心した気持ちが、本書につながっている。

フーディー・ブームに沸くニューヨークで、行列ができる人気サンドも「ほぉーっ」の連続だ。イタリア系、ユダヤ系、ニューオーリンズ系にタイ風味。出自を主張しながら、同胞以外を惹きつけるパッとした個性がなければ激戦に勝てない。逆に言えば、美味しいローストビーフやターキーのサンドイッチを出す店ならいくらでもある。超人気店に共通するのは、「具材の入れ替えは基本NG」という自信たっぷりの姿勢と、ごちそう感を損なわずに「時短食」の命題をクリアする手際のいいサービス。ニューオーリンズ発のサブは、ポーボーイという。プアー・ボーイが訛ったもので、貧しい港湾労働者が食べていたことから名がついた。そう、両手でかぶりつくアメリカのサンドイッチは、優雅にランチを食べる暇などない、労働者の食べ物だった。着の身着のままで移民して、大陸に根を下ろした人々の末裔がこだわり、愛し続けるのはよくわかる。

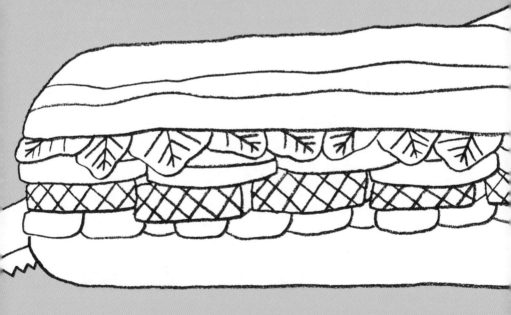

［ソーホー店］ MAP P158 ㉙
🏠 105 Sullivan St (bet Spring & Prince Sts)
🚇 Ⓒ Ⓔ Spring St Ⓝ Ⓡ Prince St
☎ 212-334-5179
🕐 月-金11:30-16:30

［ミッドタウン店］ MAP P161 ⑳
🏠 18 E 39 St (bet 5 & Madison Aves)
🚇 Ⓑ Ⓓ Ⓕ Ⓜ 42 St
　Ⓐ Ⓑ Ⓒ Ⓓ Ⓔ Ⓕ 42 St-Grand Central
☎ 646-692-4330
🕐 月-金8:00-16:00

💲 サンドイッチ $9-15
土日定休、現金のみ
www.alidoronyc.com

［MH］Soho・Midtown

ALIDORO　アリドロ

強気経営も納得、完ぺきなイタリアン・サンドイッチ

「コーヒー、無料の水、ハーフ・サイズ、ローストビーフ……」と「ないもの」リストが堂々と貼られているイタリア系サンドイッチ店。強気な理由は、ここのピノッキオが「ニューヨークNo.1」との誉れを受けることが度々あるから。具材はたっぷりの生ハムとフレッシュ・モッツァレラ、スイート・ペッパーにアンチョビ。ほかのサンドイッチもディカプリオやダヴィンチなどイタリア系の有名人の名前がついていて楽しい。パンはホワイトかホールウィート（全粒粉）のイタリアン・ブレッドが基本で、1ドル増でフォッカチャやセモリナ・ブレッドに変えられる。私は中途半端な時間に行ったため、ゆっくりやり取りできたけれど、ソーホー店のランチ時は、迷ったら順番を飛ばされるような緊張感あふれる空間になるらしい。テーブルがふたつしかないので、2ブロック下ったバスケットボールコート脇のベンチで食べるのもアリだ。

MAP P161 ⑲
🏠 43 W 39 St (bet 5 & 6 Aves)
🚇 BDFM 42 St
📞 646-669-9397
🕐 月-金8:00-21:00、土日12:00-17:00
💲 サンドイッチ $10-14
www.untamedsandwiches.com

[MH] Midtown

UNTAMED SANDWICHES
アンテームド・サンドイッチ

素材の質も意識も高いオーガニック・サンドイッチ

餌に気を遣った牛や鶏を使い、近郊から食材を仕入れる。小麦アレルギーの人のためにグルテンなしのパンも用意。ブライアント・パークの南にあるアンテームドは、エコ意識が高い優良店だ。ただし、肉の量はガッツリ系。噛み応えのあるパンはあくまで具材を支える脇役で、肉汁がボトボトこぼれても気にしないで、一気に完食したい。サンドイッチの中身とグリッツかサラダを選べるパン抜きのプレートもある。

甘酸っぱいキャベツの酸味が効いたホット・ゴールディー $14。

[MH] East Village

PORCHETTA
ポーチェッタ

イタリアの伝統的な焼豚がおしゃれに変身

イタリアではコンテストまで行われるローストポーク、ポーチェッタの専門店。豚の腰肉をガーリックやローズマリー、フェンネルなどのハーブと一緒に巻き、時間をかけて火を通し、皮はパリパリに中はジューシーに仕上げる。人気のパン屋さん、サリバン・ベーカリーのチャバタに挟んだサンドイッチはスモーガスバーグ（P88）でも人気。テイクアウト中心だが、ここイースト・ビレッジ店は食べるスペースもある。

小さな店内は豚がモチーフの置物がいっぱい。

MAP P157 ⑨
🏠 110 E 7 St (bet 1 Ave & Ave A)
🚇 ⑥Astor Pl ⓃⓇ8 St
📞 917-398-0413
🕐 日-木11:30-22:00
　金土11:30-23:00
💲 ポーチェッタ・サンドイッチ $12
　ハーフ $7、プレート $15
www.porchettanyc.com

[MH] Lower East Side

CHEEKY SANDWICHES
チーキー・サンドイッチ

ニューオーリンズの味が楽しめる超穴場

　ギャラリーと昔ながらのテーラーが点在する裏通りにある、ニューオーリンズ発のサブ、ポーボーイの専門店。急ぎ足だと見落としそうな小さな店構えだが、毎日、ニューオーリンズから新鮮なパンを取り寄せている本格派だ。中はカウンターとテーブルひとつだけ。レジの前にあるメニューからオーダーする。おすすめはビスケットに挟んでグレービーをかけたフライドチキンか、フライドオイスターのポーボーイ。フライドオイスターのサンドイッチはグランドセントラル駅の有名レストラン、オイスター・バーのように、生で捌けなかった牡蠣を揚げてランチで出すケースが多く、この店のようにいつでも食べられるのはありがたい。営業時間の「Kind of early to kind of late（まぁまぁ早くから、そこそこ遅くまで）」との表記が、ロワー・イーストサイドらしいゆるさですてきだ。

ポーボーイはピクルスとホットソースが決め手。フライドシュリンプと半々にもできる $8.50。

MAP P156 36
🏠 35 Orchard St (bet Hester and Canal Sts)
🚇 ⒷⒹ Grand St
📞 646-5048-132
🕐 月-木7:00-21:00、金7:00-深夜
　土8:00-深夜、日8:00-21:00
💲 $6.50-8.50
www.cheeky-sandwiches.com

NYいちと誉れの高いニッキー・スペシャル。

MAP P164 ㉓
🏠 379 Columbia St (Corner or Liquer St)
🚇 (F)Carrol Gardesn
📞 718-625-8052
🕐 6:00-16:00（日曜定休）
💲
defontesbrooklyn.mybistro.online

[BK] Red Hook

DELFONTES SANDWITCH SHOP
デフォンテズ・サンドイッチ・ショップ

1922年から続くイタリアン・サンドイッチ店

　ニューヨークで一番美味しいサンドイッチ・リストの常連、デフォンテズのブルックリン店はレッドフックの川沿いの、少し不便な場所にある。Fトレインのキャロルズ・ガーデンの駅から歩くこと10分以上、イーストリバーを望む3階建て建物に到着して最初の感慨。それから、約100年3代続くサンドイッチ・ショップのカウンターとメニューの長さを確認して2度目の感慨。ハムとコッパ、サラミの3種類の肉にプロヴォーネ・チーズ、揚げたナスと隠し味のピリッとしたホットサラダを挟んだニッキー・スペシャルが直径25センチもあるのに10ドルという事実に感銘。満を持して、かぶりついて感動。肉汁をたっぷりかけたローストビーフやミートボールのサンドイッチなど、目移りする。ダウンタウン・ブルックリンから6M61のバスに乗って約20分、景色を楽しみながら行くのもおすすめだ。

ラディッシュをたっぷり入れてどうぞ。3.25ドル。

[イースト・ビレッジ店] MAP P157 ⓫
113 St.Marks Place (bet 1 Ave & Ave A)
⑥Aster Pl ⓁI Ave
212-614-2728
日〜木12:00-2:00、金土12:00-4:00

[ウィリアムズバーグ店] MAP P166 ⓾
555 Driggs Ave (@N 7 st)
ⓁBedford Ave
718-302-3200
日〜木10:00-2:00、金土10:00-4:00

$ ホットドッグ $2.75-5
www.crifdogs.com

[MH] East Village [BK] Williamsburg

CRIF DOGS
クリフ・ドッグス

ホットドッグの可能性をまじめに追求したBadな店

　ストリート・フードの王様、ホットドッグはBBQや遊園地でワイワイ食べるもので、味は二の次になりがちだが、ニューヨークNo.1を名乗るここは出来たてを出す本気スポット。基本のクリフ・ドッグは豚と牛が半々、ニューヨーカーは牛肉100パーセントのフランクフルト（ドッグ）を使用。フランクフルトにベーコンを巻いて、トマトとレタスとマヨネーズで仕上げたBLTなど変化球もある。イースト・ビレッジ店は、入り口近くにゲーム機があったり、店員がタトゥーいっぱいのお兄さんだったりと、ボヘミアン文化の中心地だった少し前のダウンタウンを体現している。ウィリアムズバーグ店ともに、金・土曜は朝4時まで開いていて、「飲んだあとのラーメン」ならぬ「飲んだあとのホットドッグ」を求める夜型人間で賑わう。看板の出ていないスピークイージーのバー、プリーズ・ドント・テル（P144）の入口でもある。

108　Chapter6　ベスト・サンドイッチ

[MH] Manhattan

NUM PANG
ヌンパン

オーナーの80〜90年代ヒップホップへの思い入れを反映した内装も楽しい。

東南アジアの甘辛味を90'sヒップホップに乗せて

　フーディー・ブームのおかげで、シラチャ・ソース（P15）やキムチなどアジア発祥の味つけが市民権を得た。このヌンパンも、カンボジアの屋台食の発展系だ。2009年、大学の友人2人が立ち上げたカンボジアのコンフォート・フードがあっという間に評判になって、いまやマンハッタン内に7店舗を展開している。宗主国だったフランスの乾いた食感のパンと、東南アジアの甘酸っぱく、湿り気のある具材のコンビネーションがアメリカ人の舌に合ったらしい。クラシックと呼ばれる基本のサンドイッチは、酢漬けの野菜、パクチー、チリマヨネーズの味つけで、具材はステーキやキャットフィッシュ（ナマズ）、タイガーシュリンプなどを選ぶ。よく似たベトナムのバインミーの専門店もチャイナタウンでは人気だが、おしゃれ度が足りないのか、ほかのエリアに進出していない。

［タイムズ・スクエア店］　MAP P161 ⓫
🏠 133 W 38 St (bet Broadway & 7 Ave)
🚇 ①②③ⓃⓆⓇ 42st Times Sq
📞 917-409-1134
🕐 月-金11:00-21:00、土日11:00-18:00

［グランド・セントラル店］　MAP P161 ⓶
🏠 140 E 41 St (bet Lex & 3 Ave)
🚇 ④⑤⑥⑦Ⓢ 42 St-Grand Central
📞 212-867-8889
🕐 月-金11:00-21:00、土日12:00-21:00

［ノマド店］　MAP P161 ㉚
🏠 1129 Broadway (@W 25 St)
🚇 ⓃⓇ 23 St
📞 212-647-8889
🕐 月-土11:00-21:00、日12:00-21:00

［ユニオン・スクエア店］　MAP P159 ⓮
🏠 28 E 12 St (@University Pl)
🚇 ④⑤⑥ⓁⓃⓆⓇ 14 St Union Sq
📞 646-791-0439
🕐 月-土11:00-22:00、日曜12:00-21:00

［バッテリー・パーク・シティ店］
MAP 掲載なし（ワールド・トレードセンター裏）
🏠 225 Liberty St (@Hudson Eats)
🚇 Ⓡ Cortland St
📞 212-227-1957
🕐 月-金11:00-21:00
　土11:00-20:00、日11:00-19:00

💲 サンドイッチ $7.95
www.numpangnyc.com

人気は、柔らかい豚肉とキュウリのクラシック・プルド・ドゥラック・ポーク$8.95。

クラブロール$23。

ロブスターのスライダーとスープがセットになっているランチスペシャル$15。

[BK] Greenpoint

LOBSTER JOINT
ロブスター・ジョイント

小旅行気分でロブスター・ロールを

　バターと塩だけか、マヨネーズやセロリも入っているのか、ホットドッグのパンかバターを塗った食パンなのか、といった細かい違いがあっても、ロブスター・ロールが「この世でもっとも贅沢なサンドイッチのひとつ」であることは変わらない。その点において、有名店のルークスでもエドズでもロブスター・パウンドでも、すべてで「今日はいい日だ」級の満足を得られる。その幸福感を少しだけ引っ張るために、グリーンポイントのロブスター・ジョイントまで足を伸ばすのもいい。シーフードに合うカクテルを揃えたバーと、3種類のロブスター・ロールがある。アボカドとベーコンを足したクラブロールは他店にない人気メニュー。オールディーズがかかる中、ロブスターがたっぷり入ったコーン・チャウダーでひと息入れよう。

MAP P166 ①
1073 Manhattan Ave (bet Dupont & Eagle Sts)
Ⓖ Greenpoint Ave
718-389-8990
月-金12:00-24:00、土日11:00-24:00
$$ サンドイッチ／ロール $13-23
ロブスターディナー(700g) $39
lobsterjoint.com

[BK] Boerum Hill

BEDOUIN TENT

ベドウィン・テント

異国情緒あふれる店で食べる絶品ファラフェル

ひよこ豆のまん丸なコロッケと野菜をピタパンに挟み、ごまペーストのタヒニ・ソースをたっぷりかけたファラフェルは、中近東の代表的な軽食。「砂漠の遊牧民のテント」という名前を掲げ、周りがどんどん変わる中、ずっと4ドル50セントで巨大なファラフェルを出している姿勢が素晴らしい。ほかのピタを中心にしたプレートもおすすめ。

MAP P164 ❼
- 405 Atlantic Ave (@Bond St)
- Ⓐ Ⓒ Ⓖ Hoyt-Schemerhorn St
  ②③④⑤ⒷⒹⓃⓆⓇAtlantic Ave
- 718-852-5555
- 10:30-22:30
- ファラフェル $4.50、プレート $7-12

ファラフェルは全長20センチ。

COLUMN　ヒップホップとフーディー・ブーム

流行りのサンドイッチ屋とラーメン店、チキン&ワッフルの店でヒップホップがかかっている率、90パーセント以上。それも、東海岸のヒップホップ黄金期と言われる90年代の曲が本当に多い。これ、30～40代のオーナーたちにとって青春の音楽だという単純明快な理由がもっとも大きく、ついでもう少し若い客層にとっては子供の頃から聴いて育ったスタンダードで、楽しく食事ができるからだろう。それと、もうひとつ。ヒップホップの起源、スピリットが「下剋上」であり、フーディー・ブームの機運と重なるからだと思う。ヒップホップは、黒人やラティーノなど社会の底辺に置かれた若者が「俺らのカルチャーが一番かっこいい」と宣言した音楽だ。ネクタイを捨て、大企業など既存のシステムに頼らないで勝ち上がろうとする起業家精神の持ち主が、肌の色に関係なくBGMとして90'sのヒップホップを好むのはよくわかる。

目新しいスイーツに心が躍るのは、日本人もアメリカ人も同じ。日本ではニューヨークの人気スイーツが紹介されては行列ができるが、発信地のニューヨークの人々も甘味に関してはけっこう浮気性だ。ここ10年だけでも、レッドベルベット・ケーキ、フローズン・ヨーグルト、カップケーキ、ドーナツあたりが順番に流行っては定着したり、下火になったり。テレビ番組の影響もあれば、大資本が仕掛けたケースもある。ここ最近は、作り手の顔と思いが透けて見える、少量生産のスイーツが人気を集めている。身近だけれど、素朴なだけでは終わらず、意外な材料やスパイスを組み合わせた新しい味の数々。小腹が空いたのを満たすためのおやつで片づけては申し訳ないような、凝った「作品」たちだ。SNS全盛期に映える、華やかなスイーツも多い。

　一方、移民一世たちが持ち込んだ故郷の味を100年以上守っている老舗ベーカリーへの支持率も高い。ドーナツの表記ひとつをとっても、ヨーロッパ式の"Doughnut"の場合は「おじいちゃんのレシピが原型」という話が出てきて、アメリカで広まった略式の"Donut"だとアメリカン・フードを作っているんだぞ、という意識が伝わってくるのが面白い。ニッポン代表としてがんばっているフレーバーは、抹茶だ。少し前まで「グリーンティー」は飲み物だと緑茶、スイーツのフレーバーだと抹茶を意味していたのが、最近は「Matcha」と分けられるほど定着して、嬉しい限り。

1

BANANA PUDDING AT MAGNOLIA BAKERY
マグノリア・ベーカリーの
バナナ・プディング チョコレート味

カップケーキの有名店だが、実はチーズケーキなどほかのスイーツも美味しい。いまのイチ推しは日本未上陸のバナナ・プディングにオレオクッキーが入ったチョコ味。ウェハースとバナナ味のカスタードクリーム、さらにオレオ・クッキーという鉄板の布陣にスプーンが止まらない。

MINI PASTRIES AT FERRARA
フェラーラのミニ・ペイストリー

創業1892年を誇る、リトル・イタリーのフェラーラでは、一口サイズのペイストリーがおすすめ。カンノーリはシナモンが効いたプレーンタイプとチョコレートがけの両方を欲張ってよし。パリパリのパイ生地の中にクリームが入ったロブスター・テイルもアメリカのテレビ番組によく取り上げられる人気スイーツだ。テーブルに座ると値段が倍になるので注意。

2

> 食べずに帰れないとっておきスイーツ

VERY BEST DESSERTS IN NYC

スイーツはまず美味しいもの。ただし、珍しくて味に広がりがあるニューヨーク・スイーツとなるとリサーチが必要。人気店の隠れた名品や他州からのアメリカ人も目指す話題のスイーツを紹介しよう。

3

WOWFULLS AT SMORGASBURG
スモーガスバーグのワウフルズ

香港の屋台スイーツ、エッグ・ワッフルをコーンに見立てたアイスクリームがスモーガスバーグ (P88) で人気爆発中。ワッフルはバニラと抹茶が選べ、トッピングも餅 (求肥) やポッキーでアジア色が強い。チャイナタウンに同じコンセプトのエッグルーがあるが、ワウフルズのほうが丁寧な仕上がりで、美味しい。

FRUIT CHEESECAKE PIE AT JUNIOR'S
ジュニアズのフルーツ・チーズケーキ・パイ

4

「世界一有名なチーズケーキ」と強気なキャッチコピーの理由は、濃厚なニューヨーク・スタイルを60年かけて広めたから。おすすめはフルーツとパイ生地でひねりを効かせたチーズケーキ・パイ。定番はストロベリーとチェリー。フルトン・モールの端にある本店は、映画『セックス・アンド・ザ・シティ2』のラストシーンに登場した。

BANANA CUSTARD PIE AT BUBBY'S
バビーズのバナナ・カスタード・パイ

5

日本でも展開しているアメリカ料理レストラン、バビーズの出発点はホームメイドのパイ。日替わりで5、6種類あるパイではトフィーと軽いクリームがバナナを包み込むバナナ・カスタード・パイがイチ押し。甘さ控えめのストロベリー・ルバーブ・パイやサワーチェリーなどもいい。

RING A DING AT BETTY BAKERY
ベティー・ベーカリーのリンガ・ディング

6

バークレー・センター近くにあるベティーズでは、アメリカ人なら必ず知っている大量生産のお菓子を上質な素材で丁寧に作り直した、面白い発想のレトロスイーツが大人気。おすすめは、日本のチョコパイにも似ているリンガ・ディング。日本人でもアメリカ人でもよく知っている味がグレードアップして、懐かしいのに新しい感覚を共有できる。

---

1 [MH] **Magnolia Bakery**
マグノリア・ベーカリー
🏠 401 Bleecker St(@W 11 St) [MAP] P159 ⑯
🏠 1240 Ave of America(@W 49 St) [MAP] P161 ⑫
🏠 200 Columbus Ave(@W 69 St) [MAP] P162 ㉑
🏠 1 Penn Plaza(Penn Station地下) [MAP] P160 ㉟
🏠 Grand Central Terminal(P93参照) [MAP] P161 ⑰
🏠 1000 3 Ave(Bloomingdale's内) [MAP] P162 ㉒
$ バナナ・プディング $3.75-6.75
www.magnoliabakery.com

2 [MH] **Ferrara**
フェラーラ
🏠 195 Grand St
(bet Mulberry & Mott Sts) [MAP] P156 ㉘
$ ミニ・ペイストリー $3.50
www.ferraranyc.com

3 [BK] **Smorgasburg**
スモーガスバーグ
$ ワウフルズ $9
P88参照

4 [MH/BK] **Junior's**
ジュニアズ
🏠 386 Flatbush Ave(@Dekalb Ave) [MAP] P164 ㉝
🏠 1515 Broadway(bet 44 & 45 Sts) [MAP] P160 ㊱
🏠 グランドセントラル・
ダイニング・コンコース(P93) [MAP] P161 ⑰
$ チーズケーキ $7.50、食事 $15-25
www.juniorscheesecake.com

5 [MH] **Bubby's**
バビーズ
🏠 120 Hudson St(@N Moore St) [MAP] P158 ㉟
🏠 73 Gansevoort St(@Washington St) [MAP] P159 ④
$$ パイ $8、食事 $15-39
www.bubbys.com

6 [BK] **Betty Bakery**
ベティー・ベーカリー
🏠 448 Atlantic Ave
(bet Nevins & Bond Sts) [MAP] P164 ㉞
$ リンガ・ディング $5.50
カップケーキ $3.50、ケーキ $7.50
www.bettybakery.com

[MH] Soho

DOMINIQUE ANSEL BAKERY

ドミニク・アンセル・ベーカリー

話題沸騰 フレンチとアメリカンのいいとこ取りスイーツ

クロワッサンとドーナツを合体させたクロナッツでセンセーションを巻き起こしたドミニク・アンセルの本店。店構えは謙虚だが、ガラス張りのキッチンでオーブンの時計を真剣に睨むパティシエの姿が見えて、こちらも背筋を伸ばす。クロナッツは、朝8時半前に列に加われば買える。ショットグラス形のチョコクッキーにその場でバニラ・ビーンズのミルクを注ぐクッキー・ショットは、アメリカ人が大好きな組み合わせ。クリスマスの習慣として、アメリカの子どもたちはイブの夜にサンタクロースのためにツリーの下にクッキーとミルクを置くほど、この2つはセットなのだ。クロナッツより軽く食べられるDKA（ドミニク・クイニーアマン）は午後のおやつに最適。

オーダーするとその場で温かいミルクを注いでくれる。

MAP P158 ㉘
189 Spring St
 (bet Sullivan & Thompson Sts)
Ⓒ Ⓔ Spring St
212-219-2773
月〜土8:00〜19:00、日9:00〜19:00
DKA $5.25
 クッキーショット $3
dominiqueansel.com

116　Chapter7 甘く危険なニューヨーク・スイーツ

中：シシリアン・チーズケーキ$6分。
下：サクサクのカンノーリ。バニラにはアンジェリカが入っている。

[MH] East Village

VENIERO'S ベニーロズ

MAP P157 ②
342 E 11 St (bet 1 & 2 Aves)
⑥Astor Pl Ⓛ1 Ave
212-674-7070
日－木8:00-24:00、金土8:00-1:00
ペイストリー $3.25-6
venierospastry.com

19世紀から頑固にイタリアの味を再現する老舗

"Since 1894"の看板にプライドを感じる、イースト・ビレッジの重鎮ベーカリー。19世紀末、イタリアのシシリーから移民したアントニオ・ベニーロ氏がキャンディ・ショップを開業。安定したところで故郷から熟練パティシエを呼んで本場のイタリアン・スイーツを持ち込んだ。入り口で番号の入ったチケットを取って、呼ばれてから注文する昔ながらのシステム。チーズケーキは、ニューヨーク・スタイルもいいが、リコッタ・チーズを使った量り売りのシシリアン・チーズケーキも捨てがたい。素材の味を生かした甘過ぎない日本人好みの味で、あれこれ注文したくなる。ナポリから取り寄せたステンドグラスをはめた天井を眺めながら頬張るカンノーリの味は格別だ。

[MH] Upper East

TWO LITTLE RED HENS
トゥー・リトル・レッド・ヘンズ

ランキング上位常連の実力派ベーカリー

赤い屋根が目印の、絵本から抜け出たようなケーキ・ショップ。町のケーキ屋さんといった趣だが、レッド・ベルベットのカップケーキや、口溶けがいいチーズケーキなど看板商品で全米に名をとどろかす。チーズケーキは、グラハム・クラッカーと砂糖を使ったクラストの単独レシピが公開されているほど。月・火曜は個別売りがないことが多い。おすすめは、中のフィリングと上に乗っているフロストの2種類のクリームが楽しめるカップケーキ。チョコプディングが入ったブラックアウトはチョコ好きにはたまらない味。爽やかな甘さのライム風味のカスタードクリームが入ったキーライムも名作だ。コーヒーは、アービング・ファーム・コーヒー・ロースターズ（P136）。

店名の下に書かれた「アメリカのベーカリー」にプライドがにじみ出る。

MAP▶P162 ⑨
🏠 1652 2 Ave (@86 St)
🚇 ⑥86 St
📞 212-452-0476
🕐 月-金7:30-21:00（金-22:00）
　土8:00-22:00、日8:00-20:00
💲 カップケーキ $3-4
　チーズケーキ $4.50
www.twolittleredhens.com

118　Chapter7 甘く危険なニューヨーク・スイーツ

温かいチョコレートと抹茶アイスの組み合わせは相性バッチリ。

[MH] Midtown / East Village

SPOT DESSERT BAR

スポット・デザート・バー

味覚と視覚に訴えるアジアン・スイーツ最先端

　抹茶フレーバーが定着したところでもう一歩踏み込んで、「その発想はなかった」なアジア風味を足したデザートを揃え、ファンを獲得。いま、ニューヨークでもっとも評価の高いデザート・スポットのひとつだ。数々のユニークなスイーツを考案したのは、タイ出身の『料理の鉄人』、イアン・キッチャイ氏。一番人気は抹茶風味のガナッシュから温かいチョコレートが溶け出すラバ・ケーキ（溶岩ケーキ、つまりフォンダンショコラ）だが、日本人には珍しくないので、1個選ぶなら植木鉢が出てきてびっくりするザ・ハーベストをチョイスしよう。中身は、柔らかいチーズケーキとラズベリー・シャーベットとメレンゲ。3つ以上頼むと割安になるタパス・スタイルなので、2人以上で訪れたい。

[イースト・ビレッジ店] MAP P157 ⑤
🏠 13 St Marks Pl (bet 2 & 3 Aves)
🚇 ⑥Aster Place ⓃⓇ8 St
📞 212-677-5670
🕐 日-水12:00-24:00、木-土12:00-1:00

[ミッドタウン店／フードギャラリー32内] MAP P161 ㊲
🏠 11 W 32 St (bet Broardway & 5 Ave)
🚇 ⒷⒹⒻⓂⓃⓆⓇ32 St Herald Sq
📞 212-967-0269
🕐 11:00-23:00

💲 スイーツ一律 $9.95、タパス3つで$27
www.spotdessertbar.com

[BK] Boerum Hill

MIA'S BAKERY
ミアズ・ベーカリー

MAP P164 ⑤
🏠 139 Smith St
　(bet Dean & Bergen Sts)
🚇 ②③④⑤Borough Hall
　ⓇCourt St
📞 347-987-3194
🕐 日〜木6:00〜23:00
　金土6:00〜1:00
💲 ケーキ $5.75〜
miasbrooklyn.com

期待を裏切らない大きなアメリカン・ケーキとクロワッサン

　「アメリカのケーキはきっと派手で大きい」との期待に応えてくれる、新しいベーカリー。ニューヨークでも洗練されたケーキは小型化しているので、大きくて味もいいケーキとなるとなかなかないのだ。種類が多くて目移りするが、赤いスポンジにクリームチーズのムースを挟んだレッド・ベルベットのチーズケーキと、コーンフレークを忍ばせて歯ごたえを残したスモアー・ケーキは、友だちに教えたくなる美味しさだ。王道ポップスが流れる店内はWifi完備。春から夏はバックヤードが気持ちいい。タイムズ・スクエアにテイクアウト専門店がある。

ギリシャ系の家族経営。アットホームな雰囲気で和める。

120　Chapter7　甘く危険なニューヨーク・スイーツ

アイスクリーム・サンドは直径8センチ。

[BK] Clinton Hill

THE GOOD BATCH　ザ・グッド・バッチ

MAP P165 ㉓
📍 936 Fulton St
　(bet St. James Pl & Grand Ave)
🚇 ⓒClinton Washington Ave
📞 718-622-4000
🕐 月〜木8:00-19:00
　金土8:00-20:00、日9:00-19:00
💲 クッキー $2-
　アイスクリーム・サンドイッチ $7-
thegoodbatch.com

アイスクリーム・サンドでアメリカン・ドリームを実現

　お菓子作りが好きなアンナさんが、オランダのストロープ・ワッフルをフリーマーケットで売り出したのが6年前。それをアイスクリーム・サンドイッチにしたところ、大当たり。いまでは、週末のスモーガスバーグ (P88) だけで1000個近く売り上げる。2015年にはクリントン・ヒルに路面店をオープンしたのだから、いまどきのアメリカン・ドリームだろう。バランスが絶妙なアイスクリーム・サンドイッチ以外のスイーツも美味。おすすめは宝石みたいなキャラメルのキャンディーを乗せて食感に変化をつけた進化系ブラウニーのジュジュ。放課後、子どもが通る時間に大きなクッキーが1ドルになる。さりげなくかわいい店内の配色、ディスプレイは参考になる。店のカラーでもあるミントグリーンのマグカップはおみやげにぴったり。

121

donut

[ユニオン・スクエア店] MAP P159 ❽
🏠 14 W 19 St (bet 5 & 6 Aves)
🚇 ①18 St
  ④⑤⑥ⓁⓃⓆⓇ14 St Union Sq
📞 212-243-6844
🕐 月-金6:00-20:00（金-21:00）
  土7:00-21:00, 日7:00-20:00

[ベッドスタイ本店] MAP P165 ㉕
🏠 448 Lafayette Ave
  (@Franklin Ave)
🚇 ⒼClasson Ave
📞 347-533-7403
🕐 6:00-21:00

💲 ドーナツ $2.75-3.25
www.doughdoughnuts.com

[MH] Union Square / [BK] Bed Stuy

DOUGH ドウ

食感に感動する一番人気のドーナツ

　フードコートやサードウェイブ系カフェに置いてある率が高い、フーディー・ブームをリードするドーナツ・ショップ。店名の「ドウ」は粉の生地と、現金を指すスラングのダブル・ミーニング。店のロゴも紙幣のフォントに似せているので、確信犯だろう。オーナー兼シェフがメキシコ系なので、ラテン・フレーバーが入ったドーナツが多い。だいぶ大きいが、実際に食べてみるとブリオッシュ・タイプの軽い生地のため、うっかり完食してしまう。直営店の2店舗は、ガラス張りのキッチンで揚げていて、列に並んでいる間に宙づりになった網に揚げたてのドーナツがどんどん置かれる様が見えてワクワクする。目に鮮やかな赤いハイビスカス・フレーバーが有名だが、どれも美味しくてハズレがないので直感で選んで大丈夫。コーヒーもブルックリン・ロースティング・カンパニーやインテリゲンチャなどサードウェイブ系を常備している。

ラズベリー風味のクリームにハイビスカスの花びらの砂糖漬けが乗っている。

[MH] LES / Chelsea / [BK] Prospect Heights

DOUGHNUT PLANT
ドーナツ・プラント

意表を突く形とフレーバーで飽きさせない
ケーキ・ドーナツの先駆者

　祖父の代から続くベーカリーのレシピを、3代目がドーナツに特化して復活。自然の素材と新鮮さにこだわったグルメドーナツ・ブームの先駆けで、日本でも展開している。ブルックリン店はバークレー・センターのすぐ南。ケーキ並みの食べ応えがあるスクエアや、コロンと小さいドウシード・シリーズなど種類も豊富だ。

一番人気のクリーム・ブリュレ（左）とバニラビーンズ（右）$3.75。

[ローワー・イーストサイド店]　MAP▶P156 ③
🏠 379 Grand St (bet Essex & Norfolk Sts)
🚇 (F)Delancey St (B)(D)Grand St
🕐 日-木6:30-20:00、金土6:30-21:00

[チェルシー店（チェルシーホテル内）]　MAP▶P159 ㊷
🏠 220 W 23 St (bet 7 & 8 Aves)
🚇 (1)23 St
🕐 日-水7:00-22:00、木-土7:00-24:00

[プロスペクト・ハイツ店]　MAP▶P165 ⑮
🏠 245 Flatbush Ave (@Bergen St)
🚇 (2)(3)(4)(5)(B)(D)(N)(Q)(R)Atlantic Ave
🕐 日-木6:30-22:00、金土6:30-23:00

📞 212-505-3700（共通）
💲 ドーナツ $2.75-4
doughnutplant.com

[BK] Bushwick

DUN-WELL DOUGHNUTS
ダンウェル・ドーナツ

動物性の食材を使わないビーガン・ドーナツ

　注目エリア、ブッシュウィックにある動物性の食材を一切使わないビーガンのドーナツ・ショップ。大型で食感が軽く、ほかのグルメ・ドーナツに引けを取らない美味しさで、バターと卵不使用だとは言われないとわからない。赤と白を基調にした、レトロなインテリアの店内もかわいい。

MAP▶P166 ⑱
🏠 222 Montrose Ave (bet Bushwick Ave & Humboldt St)
🚇 (L)Montrose Ave
📞 347-294-0871
🕐 月-金7:00-19:00、
　 土日8:00-19:00
💲 ドーナツ $2.5-2.75
dunwelldoughnuts.com
※（イーストウィレッジ店）も有

123

donut

［BK］Greenpoint
PETER PAN DONUT
ピーター・パン・ドーナツ

グリーンポイント住民に寄り添う正統派ドーナツ店

　ポーランド系が多いグリーンポイントの中心に、住民に愛されているドーナツ店がある。フレッシュかつシンプルなドーナツは、良心的な価格設定を含めてしばしばニューヨークNo.1に選ばれるほど。店員のユニフォームも細長いテーブルも老舗らしい味わいがある。平日の開店時間は早朝4時半。働き者のポーランド移民を支えるベーカリーなのだ。

駅のすぐ近く。カウンターでご近所さんに混ざってコーヒーブレイクもアリだ。

MAP P166 ❸
🏠 727 Manhattan Ave
　（bet Norman & Meserole Aves）
🚇 ⓖNassau Ave
📞 718-389-3676
🕐 月-金4:30-20:00
　 土5:00-20:00、日5:30-19:00
💲 ドーナツ $1-1.50
peterpandonuts.com

［MH］Midtown
UNDERWEST DONUTS
アンダーウエスト・ドーナツ

カーウォッシュ内に揚げたてドーナツが出現

　車の修理工場やカーディーラーが密集するヘルズ・キッチンに、グルメ系メディアがほめそやすアンダーウエスト・ドーナツがある。元シェフが洗車場内という限られたスペースを逆手に取って大成功。揚げてすぐに砂糖をまぶしたタイプと、別のキッチンで作ったグレイズド・タイプがあり、すぐ食べる場合は前者、持ち帰る場合は後者から選ぼう。

道路をはさんでイントレピッド海上航空宇宙博物館がある。

MAP P160 ❺
🏠 638 W 47 St (@W12 Ave)
🚇 ⓔ50 St
📞 212-317-2359
🕐 月6:30-15:00、火-金6:30-17:00
　 土7:30-17:00、日7:30-15:00
💲 ドーナツ $1.50-2.75
www.underwestdonuts.com

124　Chapter7　甘く危険なニューヨーク・スイーツ

ice cream

[BK] Carroll Gardens

BROOKLYN FARMACY & SODA FOUNTAIN

ブルックリン・ファーマシー ＆ソーダ・ファウンテン

「薬局でソーダ」の歴史が蘇る

　ソーダ・ファウンテンは、炭酸水を作る機械のこと。冷蔵庫がなかった19世紀末から1920年代までは炭酸水にシロップを入れたソーダを売る店自体がそう呼ばれた。ここ最近のアメリカでは、瓶詰めの発明で約1世紀前に廃れたソーダ・ファウンテンを再現した店が密かにブームだ。キャロル・ガーデンズのブルックリン・ファーマシー＆ソーダ・ファウンテンは、レトロな薬局のインテリアを生かして当時を再現した、テーマパークみたいな店。温泉水の代わりの健康ドリンクとして売り出された炭酸水は、薬局でも売られたのでこの組み合わせは歴史的にも正しい。薬局で売られていたのは、当時は合法だったびっくりする原材料も調合されていたから。その答えはトイレの前の写真で確認しよう。

テレビ番組で絶賛されたエスプレッソをかけるサンデー $15。

MAP P164 ②
🏠 513 Henry St (@Sackett St)
🚇 F G Caroll St
🕐 月-木11:00-22:00（金-23:00)
　 土10:00-23:00、日10:00-22:00
$ ミルクシェイク $10
　サンデー $15（一部のサンデーはハーフサイズ$10がある）
www.brooklynfarmacyandsodafountain.com

125

ice cream

青い外観と真っ白な店内が目印。

[MH] Lower East Side

MORGENSTERN'S FINEST ICE CREAM

モーゲンスターンズ・ファイネスト・アイスクリーム

MAP P156 ⑱
- 2 Rivington St (bet Bowery & Chrystie St)
- BⒹGrand St ⒿⓏBowery
- 212-209-7684
- 日〜木8:00〜23:00、金土8:00〜24:00
- 1ディップ $4.5、2ディップ $6.50 サンデー $13
- www.morgensternsnyc.com

素材にこだわる大人のアイスクリーム・パーラー

　元パティシエが原材料とテクスチャー、組み合わせにこだわって少量を手作りしたアイスクリームが大当たり。バニラひとつとっても、バーボンを入れてさっぱり仕上げたタイプから、焦がしハニーの濃厚バニラまで6種類。アイスに入れ込む材料も塩プリッツェルや日本の食パンなど目の付けどころがさすがで、一口ずつゆっくりなめたくなる。

[BK] Prospect Heights / Gowanus

AMPLE HILLS CREAMERY

アンプルヒルズ・クリーメリー

キンダーガーデンと見紛うかわいいゴワナス店。

童心に帰れるこだわりのガッツリ系

　新鮮さにこだわるあまり、原材料のミルクは自分たちで殺菌し、中に入れるキャンディーやケーキもすべて手作り。その姿勢がすぐに響いて、2011年にプロスペクト・ハイツにオープンして以来、子ども連れで連日賑わっている。ブルックリンに2店舗あるほか、全米へ卸売りもしている。一番人気のソルテッド・クラック・キャラメルは、バターキャラメルのアイスにチョコがけクラッカーが入った豪快な味で、アメリカを感じる。

[プロスペクト・ハイツ店] MAP P165 ㉑
- 623 Vanderbilt Ave (@St Marks Ave)
- ②③Bergen St
- 347-240-3926
- 日〜木12:00〜23:00、金土12:00〜24:00

[ゴワナス店] MAP P164 ⑨
- 305 Nevins St (@Union St)
- ⓇUnion St
- 347-725-4061
- 日〜木12:00〜23:00、金土12:00〜24:00
- スモール $4.95、ラージ $6.95
- www.amplehills.com

定番のタイアイス・ティー。チョコ味の黒ビールのアイスクリームやお酒入りアイスキャンディーもある。

[MH] East Village [BK] Williamsburg

ODDFELLOWS ICE CREAM CO.
オッドフェローズ・アイスクリーム・カンパニー

口に入れるまでドキドキのびっくりフレーバー

　ベーコンやゴートチーズ、ラベンダー。アイスクリームのフレーバーとしては「え？ どうなるの？」な材料まで含め、2013年のオープン以来、作ったフレーバーは200種類。それから12種類が毎日店頭に並ぶ。2スクープにして、ひとつ目はオーソドックスな味、もうひとつは冒険フレーバーを頼むと楽しい。イースト・ビレッジ店はアイスクリーム・サンドイッチも出している。

[イースト・ビレッジ店] MAP P157 ⑮
75 E 4 St (bet 2 & 3 Aves)
F 2 Ave ⑥ Aster Pl
917-475-1812

[ウィリアムズバーグ本店] MAP P166 ⑦
175 Kent Ave (@N 3 St)
L Bedford Ave
347-599-0556

月−金13:00−23:00 (金−24:00)
土日12:00−23:00
シングルスクープ $4
アイスクリーム・サンド $7
www.oddfellowsnyc.com

[BK] Park Slope

SKYICE SWEET & SAVORY
スカイアイス・スイーツ＆セイボリー

タイ料理屋さんのナチュラル系アイスクリーム

　本格的なタイ料理と、自然な風味のアイスクリームが売り。イチ推しは、ごま、ハニージンジャー、ドリアンなどユニークな12種類のフレーバーがサンプル・サイズになったスカイアイス・パレット。3口くらいはあるので、2、3人で食べても満足度は高い。タイ風焼きそばのパッタイやグリーン・カリーも甘過ぎず、味わい深いのでバークレー・センターに行く前にぜひ。

MAP P165 ⑬
63 5 Ave (@St. Marks Ave)
②③ Bergen St
718-230-0910
日月水木12:00−22:30
火16:30−22:30、金土12:00−23:00
アイスクリーム・サンプラー $6-10
食事 $8-18
www.skyice.net

パレット$10。ライチ・ローズとマンゴーがとくにおすすめ。

127

chocolate

[MH] Union Square

MAX BRENNER
マックス・ブレナー

MAP P159 ⓭
841 Broadway (bet 13 & 14 Sts)
④⑤⑥ⓁⓃⓇⓆ Union Sq
646-467-8803
日~木9:00-24:00、金土9:00-2:00
$$ デザート $5.95-22.50、食事 $7.50-18
maxbrenner.com

チョコレートの新しい可能性を求める前衛的な専門店

　イスラエル発のチョコレート専門店、マックス・ブレナーのアメリカ第1号店。広い店内は色合いといい、茶色いパイプといい『チャーリーとチョコレート工場』のセットに紛れ込んだみたい。フォンデュやピザ・チョコなど看板メニューはもちろん、ワッフルのサンドイッチなど食事も実は美味しい。せっかくなら、日本未上陸のスモアー系(P17)のスイーツに挑戦してみよう。珍しくクリスマス当日でもオープンしているが、予約は必須。「禿げ男のチョコレート」とのユーモアたっぷりのキャッチコピーをつけた創業者マックスさんは、『チャーリーとチョコレート工場』の原作を読んで、10才からチョコ作りを始めたとか。映画の世界観に似ているのは偶然ではなかったようだ。

チョコのカクテルを囲んでデートするカップルも。

地元産の生ビールは日替わり。

[BK] Boerum Hill / Park Slope
NUNU CHOCOLATES
ヌヌ・チョコレーツ

チョコレート&ビールの新しい美味しさ

　ブルックリン発の小さな店内にカウンターとイートイン・スペース、手作りしている様子が見られるキッチンまで収まっている。店内でホット・チョコレートやビールも飲める。塩を利かせたトリュフのソルト・キャラメルが有名だが、個人的なイチ推しは6種類のビールを練り込んだビール・チョコレート。パークスロープ店は広めで、ゆっくりできるカフェになっている。

[ボーレム・ヒル店] MAP P164 ⑧
🏠 529 Atlantic Ave
🚇 ②③④⑤ⒷⒹⓃⓆⓇ Atlantic Ave
📞 718-834-1818
🕐 月–金8:00–21:00、土10:00–21:00
　 日10:00–19:00

[パークスロープ店] MAP P164 ㉟
🏠 179 5 Ave (@Sackett St)
🚇 Ⓡ Union St
📞 718-622-3212

💲 チョコレート $2～、ビール $6～
　※ハッピーアワー有
www.nunuchocolates.com
※(ワールドトレードセンター店)も有

[BK] Park Slope / Cobble Hill
THE CHOCOLATE ROOM
ザ・チョコレート・ルーム

上質でアメリカらしいチョコレート菓子

　「ブラウニーは、ふつうに作ればふつうに美味しい」と思っていたとき、ここのブラウニーを食べて心底驚いた。ケーキ、シェイク、フォンデュからビールまでチョコレートづくしの専門店。おすすめは、アメリカらしい濃厚な味のレイヤード・ケーキ。温かいブラウニーを使ったサンデーもチョコ好きにはたまらない味。

定番のチョコレート・レイヤー・ケーキはワインにも合う味 $7.50。

[パークスロープ店] MAP P165 ⑭
🏠 51 5 Ave (bet Bergen St & St Mark Ave)
🚇 ②③ Bergen St
📞 718-783-2900

[コブル・ヒル店] MAP P164 ㉚
🏠 269 Court St (bet Butler & Douglass Sts)
🚇 ⒻⒼ Bergen St
📞 718-246-2600

🕐 日–木12:00–23:00、金土12:00–24:00
💲 アイスクリーム $4.75、ケーキ $7.50
　 チョコ味の黒ビール $6.75
www.thechocolateroombrooklyn.com

129

CHOCOLATE BON BONS AT STICK WITH ME
スティック・ウィズ・ミーのチョコレート・ボンボン

1

昨年、彗星のごとく登場したのが、フレンチ・レストラン、バー・セ出身の女性パティシエが生み出した艶やかなボンボン。ローズウォーターを使ったラズベリー・ローズやプリッツェルが練りこまれたニューヨーク・ニューヨークなどケーキのように繊細なフレーバーが揃っている。一粒3ドル40セントと相場より高いが、その価値はあるごほうびチョコだ。

絶品スイーツおみやげ図鑑

SWEET SOUVENIRS

ニューヨークのおみやげで、喜ばれる率が高いのがチョコレートや小さめのスイーツ。
話題のボンボンからコスパ最強のスーパーのチョコまで、ほぼ毎日チョコレートを食べる筆者が厳選してご紹介。

SALT WATER TAFFY AT SALTY ROAD
ソルティ・ロードの
ソルトウォーター・タフィー

3

ソルトウォーター・タフィーは、隣のニュージャージー州アトランティック・シティで19世紀末から売られている名産キャンディ。名に反して塩味はせず、オリジナルは少々甘ったるい。それをブルックリンの女性2人が材料と手作りの製法にこだわって復活させた。よりキャラメルに近いフレーバーがおすすめ。

CHOCOLATE HONEY COMB AT LIDDABIT SWEETS
リダビット・スイーツの
チョコレート・ハニーコーム

2

保存料など人工的な材料を一切使わず、ユニークなチョコレート・キャンディーをブルックリンで手作りしているのがリダビット。蜂の巣をイメージしたトフィーにダーク・チョコレートをかけたダーク・チョコレート・ハニーコームはサクッとかじってからジュワーっと口にはちみつの甘さが広がる。チョコレート・キャラメルのシリーズも人気。チェルシー・マーケット (P94) で購入できる。

Chapter7 甘く危険なニューヨーク・スイーツ

4
BEER BOX
AT NUNU CHOCOLATES
ヌヌ・チョコレーツのビール・ボックス

　塩味のトリュフで有名だが、私は一粒ずつ異なるクラフト・ビールを注入したビール・ボックスを推す。アルコールが苦手な人は、アール・グレーやキャラメル、ナッツを練りこんだアソートメント・ボックスもいい。夕方にはよく売り切れているので、早めの時間に行こう。

5
AZTEC HOT CHOCOLATE AT MARIEBELLE
マリーベルのアズテック・ホット・チョコレート

　ソーホーのかわいいチョコレート・ショップ、マリーベルはホットチョコレートが大人気。中でも、南米のシングル・オリジンのチョコレートを65%使ったアズテックの味わいは格別。ちなみに、お湯で作るのがヨーロッパ・スタイルで、ミルクがアメリカンだ。

6
SMASHING S'MORES
AT TRADER JOE'S
トレーダー・ジョーズの
スマッシュング・スモアーズ

　良心価格と安全性の高さで人気のスーパー、通称「トレジョー」。8割を占めるオリジナル商品の中でも、スイーツに当たりが多い。一袋1ドルのアーモンド・ダーク・チョコレートはワインと相性が良く、グラハム・クラッカーとマシュマロにチョコをかけたスマッシュング・スモアーは元のスモアーズより美味しいくらい。

---

1 Stick With Me
スティック・ウィズ・ミー
- 202A Mott St MAP P156 24
  (bet Kenmare & Spring Sts)
- 646-918-6336
- 10:00-20:00
- $ ボンボン6個入り $29.95
www.swmsweets.com

2 Liddabit Sweets
リダビット・スイーツ
P94参照
www.liddabitsweets.com

3 Salty Road
ソルティ・ロード
マンハッタンとブルックリン約60店舗で取り扱いあり。
- $ 1箱 $7-
www.thesaltyroad.com

4 Nunu Chocolates
ヌヌ・チョコレーツ
P129参照
- $ ビールボックス $16

5 Mariebelle
マリベル
- 486 Broome St MAP P158 34
  (bet W Broadway & Wooster St)
- 212-925-6999
- 日-木11:00-19:00
  金土11:00-20:00
- $ ホットチョコレート $12-
  チョコレート $8-
mariebelle.com

6 Trader Joe's
トレーダー・ジョーズ
P99参照
- $ チョコレート菓子 $1
  スマッシングスモア $4.95

HOLIDAYS
↓

RIDE ON THE THIRD-WAVE OF COFFEE

Chapter 8
サードウェイブ・コーヒーの波に乗ってみる

　フーディー・ブームとコーヒーの進化を表すサードウェイブ・コーヒーの盛り上がりは、ほぼ一心同体だ。食材の生産者に寄り添い、全工程にこだわる姿勢は同じだし、新しめの超人気レストランはまずサードウェイブ系のコーヒーを出す。「第3の波」までの流れは、第1の波がイタリア移民と一緒に渡ったコーヒーで、第2の波が1960年代から始まったグルメ・コーヒーの大量生産化。スターバックスはここに入る。第3の波は、一周回って少量生産がキーワード。一杯の味を高めるためにコーヒー豆の生産や焙煎（ロースト）も自ら行うため、コーヒー・ショップではなく「ロースター」と名乗るところが多い。

　実は、ニューヨークでスタバがオシャレなスポットでなくなって、しばらく経つ。何しろ、マンハッタンだけで220軒以上。探さなくても目に入る数だ。サードウェイブ系の店も激増中。ブルーボトル、ギミ、ゴリラ、ナインス・ストリート、グランピー……本書のために飲み比べたが、専門書が作れる情報量になると気づいてやめた。どこも独自のこだわりがあって、美味しい。コーヒーの味が全体的に上がっているので、朝の一杯は宿泊先の近くで調達してOK。問題は、2杯目。サードウェイブ系はスタンド式の店もあるのが難点。充実したコーヒーブレイクになるようにゆっくり座れる、とっておきの店を紹介する。

※複数の店舗展開をしているコーヒー店は、Mapページ（P156-165）で他店舗の位置を掲載しています。

[MH] Soho

GROUND SUPPORT
グラウンド・サポート

🏠 399 W Broadway
(bet Spring & Broome Sts)
🚇 ⑥Spring St ⓒSpring St
　　ⓃⓇPrince St
📞 212-219-8733
🕐 月-金7:00~20:00、土日8:00~20:00
www.groundsupportcafe.com

ショッピング・ブレイクに最適のクールなカフェ

　ソーホー・ショッピングの合間に寄りたい、採光のいいカフェ。木製ベンチでラップトップとにらめっこしている人や話し込んでいる人など、思い思いに時間を過ごしている。場所柄、ときどき雑誌から抜け出したようなおしゃれな人やモデルさんも入ってきて楽しい。豆を直接買い付け、ローストしているすっきりした味のオリジナルのブレンド・コーヒーは、ここでしか飲めない。サンドイッチの評判もよし。泡がなめらかなアーモンドミルクを使ったカフェラテや、抹茶風味をつけたマッチャラテも人気だ。無料のWifiがあるのも助かる。いまはここ一軒だけだが、ほかのサードウェイブ系のように、今後広がるのか注目している。

ピンクのウィッグのバリスタさんもコーヒー通だ。

[MH] East Village

LA COLOMBE COFFEE ROASTERS
ラ・コロンブ・コーヒー・ロースターズ

フィラデルフィア発の極上カプチーノを

10年以上前、イタリアン・レストランに行かなくても本格的なカプチーノが飲める時代が来たことを知ったのが、ここのトライベッカ店だった。フィラデルフィア発祥で東海岸中心に展開しているロースター。ニューヨークは、ダウンタウンに集中して5軒あるが、ゆっくりできるイースト・ビレッジ（ノーホー）店がおすすめ。カプチーノやラテを店内で飲む場合は「to stay」と伝えると、かわいいマグカップで出てくる。

MAP P158 26 / 27 33 44
[ノーホー店]
400 Lafayette St (@E 4 St)
B D 6 Broadway-Lafayette / Bleecker
212-677-5834
月-金7:30-18:30、土日8:30-18:30
www.lacolombe.com

奥の席で商談をする人の姿も。

[MH] Midtown

BIRCH COFFEE
バーチ・コーヒー

温かいサービスがうれしい隠れ家カフェ

2010年にスタートした、地元からの支持率が高いニューヨーク発のコーヒー店。おすすめはフラットアイアン店。どっしりした木のテーブルにさりげなく本棚があり、どの席でも落ち着く。いつ行ってもバリスタの感じがいいので、英語が不得意でも行きやすいかも。一口目は尖っているバーチ・ブレンドは、慣れると飲みやすくなる奥行きの深い味わい。

MAP P161 32 / 38 P159 6 P162 16 P163 15
[フラットアイアン店]
21 E 27 St (@Madison Ave)
N R 23 St 6 28 St
212-686-1444
月-金7:00-20:00、土日8:00-20:00
birchcoffee.com

図書館のようなコーナー。

[MH] Midtown

CULTURE ESPRESSO
カルチャー・エスプレッソ

毎月豆を変える珍しいコーヒー・ショップ

かわいい壁紙とアンティーク調のシャンデリア、地元のアーティストによる絵画や写真。ブライアント・パークのすぐ南にあるのに、ダウンタウンっぽい雰囲気をまとっている。定期的にコーヒー豆の仕入れ先を変えるコンセプトが面白い。ホームメイドのクッキーや有名店から毎日届くマフィンやドーナツは、午後の遅い時間には品薄になる。

MAP P161 ㉓
- 72 W 38 St (bet 5 & 6 Aves)
- Ⓑ Ⓓ Ⓕ Ⓜ 42St-Bryant Park
- 212-302-0200
- 月-金7:00-19:00、土日8:00-19:00
- www.cultureespresso.com
  〔Culture307店〕〔Culture36店〕など複数店舗有

ミッドタウンでは珍しい店構え。

MAP P156 ㉖ / P159 ⑩ P162 ❽ ㉓
[ローワー・イーストサイド店]
- 88 Orchard St (@Broome St)
- Ⓕ Ⓙ Ⓜ Ⓩ Delancey-Essex St / Essex St Ⓑ Ⓓ Grand St
- 212-228-8440
- 8:00-20:00
- irvingfarm.com

ミルクは豆乳、アーモンド、ローファットが揃っている。

[MH] Lower East Side

IRVING FARM COFFEE ROASTERS
アービング・ファーム・コーヒー・ロースターズ

レストランの席待ちに使える憩いの場

個性的な店がひしめくローワー・イーストサイドの中心に建つ、ガラス張りの開放的なカフェ。カフェ密集地帯のため、ひどく混み合わず、くつろげる。アービング・ファームは、大学の同級生2人で20年前にスタートした、ニューヨーク生え抜きのロースターで、しっかりと濃いハウスブレンドとスモーキーなゴッサム・ブレンドがおすすめ。

136　Chapter8　サードウェイブ・コーヒーの波に乗ってみる

MAP〉P161㉙ / P159㊸

［エースホテル店］
🏠 18 W 29 St (bet Broadway & 5 Ave)
🚇 Ⓝ Ⓡ 28 St
☎ 855-711-3385
🕐 月〜金6:00-20:00、土日7:00-20:00
www.stumptowncoffee.com

[MH] Midtown

STUMPTOWN COFFEE ROASTERS
ストンプタウン・コーヒー・ロースターズ

思い切っていまどきのヒップスターを気取ってみる

　ストンプタウンは、新しいライフスタイルの発信地として注目を集めるオレゴン州ポートランドの代表的なロースター。その日のうちに焙煎したコーヒーしか出さないこだわりよう。同郷のエース・ホテルと隣接しており、ストンプタウンのコーヒーをロビーで飲みながらラップトップを叩くのは、いかにも最先端で気恥ずかしくなる一歩手前だが、ソファの居心地の良さに負けてよし。

カプチーノなども美味しいがまずはストレートを味わいたい。

[MH] Union Square

JOE
ジョー

ユニオン・スクエアのオアシス的なカフェ

ニューヨークらしい奥に細長い店内。

　03年にウエスト・ビレッジでコーヒー・ショップとして産声を上げ、ローースターに成長した後、マンハッタンとフィラデルフィアに12店舗を展開するまでに拡大。白を基調としたユニオン・スクエア店は明るく、清潔感があって入りやすい。プロショップでは、1時間の初心者コースや7時間のバリスタ養成コースなどのクラスを開いている。ニューヨーク大学が近いせいか、夕方は店内で読書をしている人が多い。ベンチ席は隣の人と会話が始まりそうな、ご近所感がある。

MAP〉P159⑫ / ⑦⑳㉒
　　　 P161⑰ P162⑫⑬⑭ P163③

［ユニオン・スクエア店］
🏠 9 E 13 St (bet 5 Ave & University Pl)
🚇 ④⑤⑥ Ⓛ Ⓝ Ⓠ Ⓡ Union Square
☎ 212-924-3300
🕐 月〜金7:00-20:00、土日8:00-20:00
www.joenewyork.com

[MH]Manhattan [BK]Williamsburg

BLUE BOTTLE COFFEE
ブルーボトル・コーヒー

話題のブルーボトルなら、ここがおすすめ

　サンフランシスコ発のサードウェイブ系コーヒーのトップランナーで、すでに日本にも上陸しているブルーボトル。ニューヨークに8店舗あるが、基本的にカウンターと立ち飲みスペースのみ。その中で、倉庫も兼ねているウィリアムズバーグ店はコーヒー好きなら一見の価値あり。注文を受けてから、バリスタが派手なパフォーマンスで淹れてくれるのが楽しい。

MAP P166 ❽ / P159 ❶ P160 ❼ P161 ❽ ❽

[ウィリアムズバーグ店]
🏠 160 Berry St (bet N 4 & N 5 Sts)
🚇 ⓛBedford Ave
☎ 510-653-3394
🕐 7:00-19:00
bluebottlecoffee.com

コーヒーはスリーキングスが飲みやすくておすすめ。

[BK]Fort Greene

GREENE GRAPE ANNEX
グリーン・グレープ・アネックス

グルメ食材店が出した多目的カフェ

　隣にあるグルメ食材店、グリーン・グレープが出しているコーヒー・ショップ。コーヒーはサードウェイブ系のグランピーとオスローの豆を使い、スコーンやドーナツのパティスリーやサンドイッチ、ビールもあるので使い方は多様。広々とした店内にはラップトップ禁止席を設ける気遣いも。土地柄、90年代のヒップホップがかかっている率が高い。

MAP P165 ❷❽

🏠 753 Fulton St
　（@S Portland Ave）
🚇 ⓒLafayette Ave ⓖFulton St
☎ 718-858-4791
🕐 月-金7:00-22:00（金-23:00）
　土8:00-23:00、日8:00-22:00
www.greenegrape.com/annex

ビールやサンドイッチもあり使い勝手がいい。

138　Chapter8　サードウェイブ・コーヒーの波に乗ってみる

[MH] Greenwich Village / East Village / [BK] Williamsburg

PORTO RICO IMPORTING CO.
ポートリコ・インポーティング・カンパニー

ファースト・ウェイブから続く老舗の貫禄

　ここまでサードウェイブ・コーヒーを煽ってきたが、最後はファースト・ウェイブの代表で締めたい。イタリア人街だったグリニッチ・ビレッジに、1907年に創業したポートリコ・コーヒーは、店内に一歩入るとコーヒーの香りとニューヨークの歴史に包まれる特別な空間だ。番号札を取って並び、気に入った豆を選んで大きな麻の袋から量ってもらい、すぐ飲む分だけ挽き方を指示する一連の流れ自体が楽しい。15年前に通い始めたときは、「手頃でとても美味しい」と思っていた豆が、コーヒーの高級化に伴って「超お値打ち」になってしまった。9・11の影響で2002年に店を畳んだ人気ダイナー、アギーズのブレンドを頑なに作り続ける、ニューヨークの生き証人としての役割も果たしている。ナッツやエスプレッソ豆のチョコレートがけや量り売りの紅茶の葉もいい。奥のコーヒーカウンターでは挽きたてのコーヒーを販売。

コーヒーと紅茶に関するもの多数。ロゴ入りレプロン$10がおみやげにいい。

[グリニッチ・ビレッジ店]　MAP P158 ㉔
🏠 201 Bleecker St
　(bet 6 Ave & Macdougal St)
🚇 ⒶⒷⒸⒹⒺⒻⓂWest 4
☎ 212-477-5421
🕐 月-金8:00-21:00
　土9:00-21:00、日12:00-19:00

[イースト・ビレッジ店]　MAP P157 ⑫
🏠 40 1/2 St Marks Pl (bet 1 & 2 Aves)
🚇 ⑥Aster Pl ⓃⓇ8 St
☎ 212-533-1982
🕐 月-金8:00-20:00
　土9:00-20:00、日12:00-19:00

[ウィリアムズバーグ店]　MAP P166 ⑲
🏠 636 Grand St
　(bet Manhattan & Leonard Sts)
🚇 ⒼMetropolitan Ave
☎ 718-782-1200
🕐 月-金11:00-19:00
　土9:00-20:00、日11:00-18:00

www.portorico.com/store

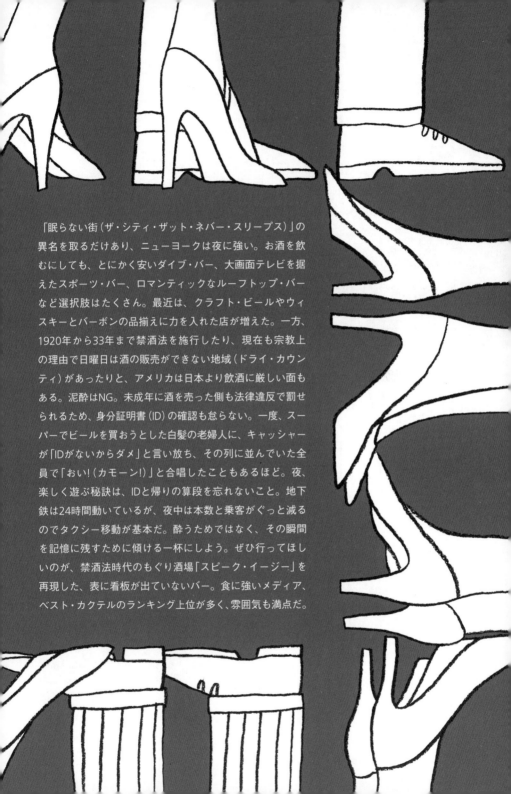

「眠らない街（ザ・シティ・ザット・ネバー・スリープス）」の異名を取るだけあり、ニューヨークは夜に強い。お酒を飲むにしても、とにかく安いダイブ・バー、大画面テレビを据えたスポーツ・バー、ロマンティックなルーフトップ・バーなど選択肢はたくさん。最近は、クラフト・ビールやウィスキーとバーボンの品揃えに力を入れた店が増えた。一方、1920年から33年まで禁酒法を施行したり、現在も宗教上の理由で日曜日は酒の販売ができない地域（ドライ・カウンティ）があったりと、アメリカは日本より飲酒に厳しい面もある。泥酔はNG。未成年に酒を売った側も法律違反で罰せられるため、身分証明書（ID）の確認も怠らない。一度、スーパーでビールを買おうとした白髪の老婦人に、キャッシャーが「IDがないからダメ」と言い放ち、その列に並んでいた全員で「おい！（カモーン！）」と合唱したこともあるほど。夜、楽しく遊ぶ秘訣は、IDと帰りの算段を忘れないこと。地下鉄は24時間動いているが、夜中は本数と乗客がぐっと減るのでタクシー移動が基本だ。酔うためではなく、その瞬間を記憶に残すために傾ける一杯にしよう。ぜひ行ってほしいのが、禁酒法時代のもぐり酒場「スピーク・イージー」を再現した、表に看板が出ていないバー。食に強いメディア、ベスト・カクテルのランキング上位が多く、雰囲気も満点だ。

[MH] Midtown

THE CAMPBELL APARTMENT
ザ・キャンベル・アパートメント

MAP P161 ⓰
🏠 15 Vanderbilt Ave (@42 St)
🚇 ④⑤⑥⑦Ⓢ 42 St-Grand Central
📞 212-953-0409
🕐 日〜木12:00-1:00(日-24:00)、金土12:00-2:00
💲 カクテル $15-
hospitalityholdings.com

グランドセントラル駅で100年前にトリップ

　1920年代に活躍した大富豪キャンベル氏が、駅の構内に構えたオフィスをバーとして改築したのがこちら。マホガニーの床から窓枠、重厚な調度品まで贅の限りを尽くした空間で、美術館に紛れ込んだ気分になる。所作から格の違いを見せつけるバーテンダーが、昔のレシピで作るカクテルがすばらしい。もっとも有名なプロフィビジョン・パンチは、禁酒法時代に上流階級の人々がこっそり飲んでいたカクテルを再現したもの。ジャマイカのアップルトン・ラムとイタリアのオレンジ・ブランデーをモエ・エ・シャンドンのシャンパンで割った特別な味だ。2016年の夏にマネージメントが変わったらしいが、ドラマ『ゴシップガール』にも使われたインテリアはそのままの予定だ。平日なら少し待てばソファに座れるし、少しだけドレスアップして行ってみよう。

3杯分くらいありそうなプロフィビジョン・パンチ$25。

[MH] Lower East Side

FIG.19 フィグ19

ギャラリーの奥にある隠れ家バー

　白い壁が印象的なザ・ロッジ・ギャラリーを抜けると、シャンデリアが灯された暗いバーに行き着く。とことんオシャレな空間で少しひるむが、バーテンダーもスタッフもフレンドリーなので大丈夫。おすすめのカクテルはライ・ウィスキーとカンパリをグレープフルーツ・ジュースで割ったラプソディー・イン・ライ。

MAP P156 ⑰
- 131 1/2 Chrystie St (bet Delancey & Broome Sts)
- BDGrrand St JZBowery
- 火-土20:00-4:00、日18:00-2:00（月曜定休）
- カクテル $13-
- www.figurenineteen.com

所々に飾られたアートにも注目。

MAP P157 ❹
- 8 Stuyvesant St (@E 9 St)
- ⑥Aster Pl NR8 St
- 212-777-5415
- 日-水18:00-1:30、木18:00-2:00 金土18:00-2:30
- カクテル $15-

[MH] East Village

ANGEL'S SHARE
エンジェルズ・シェア

お酒の好みを伝えると、ぴったりのカクテルを作ってもらえる。

カクテルが評判の日系スピーク・イージー

　日系の店が多いイースト・ビレッジにある居酒屋、ビレッジ横町の中にある何の印もないドアを抜け、階段を上がると天使が大きく描かれた絵を背にしたバーになっている。抹茶とラムのカクテルなど、アジア系のフレーバーを生かしたカクテルが得意。ストリートを見下ろす席と奥の部屋がロマンティックでおすすめ。日本語のわかるスタッフが常駐しているので安心だ。

[MH] East Village

PLEASE DON'T TELL (PDT)
プリーズ・ドント・テル

電話ボックスを抜けてニューヨークNo.1のカクテルを

　仕掛けの面白さとカクテルの味で、人気スピーク・イージー・バーの頂点に君臨するのがこちら。クリフ・ドッグス（P108）の店内にある電話ボックスが入り口で、受話器を取ると予約受付の人が出てくる。平日でも1時間待ちは堅いが、名前を残して周囲の探索に出てもいいし、ホットドッグを頬張りながら待つ手もある。レシピブックやアプリまであるカクテルは、グラスや氷を変えたプレゼンテーションを含めて芸術の域に達している。一番人気のベントンズ・オールド・ファッションのベースは、なんとベーコンの香りを移したバーボンだ。ブランデーやウィスキーを飲みつけている人には一生の思い出になる味のはず。中でクリフ・ドッグスの食べ物もオーダーできる。

MAP P157 ⑪
- 113 St. Marks Pl (bet 1 Ave & Ave A)
- ⑥Aster Pl ⓛ1 Ave
- 212-614-0346
- 日-木18:00-2:00、金土18:00-3:00
- カクテル $15-

pdtnyc.com

カクテルによってグラスや氷の形が変わる。

この電話ボックスで受話器を取るとスタッフが出てくる。

[BK] Crown Heights
BUTTER & SCOTCH
バター＆スコッチ

バーの奥のキッチンから
スイーツが出てくる。

ホームメイドのスイーツを出すバー＆ベーカリー

　チョコレートやケーキをつまみに、お酒を飲む。女性を中心に人気の飲み方を、そのままコンセプトにしたバーがクラウン・ハイツにある。隣接のキッチンで作るバースデー・ケーキにシャンパンを合わせたり、ビールにアイスクリームを入れてフロートにしたり。オーナー2人が女性だけあり、かわいらしい甘めのカクテルが多い。スモーガスバーグ（P88）にも出店。コーヒーもある。

MAP P165 ㊳
🏠 818 Franklin Ave
　（bet Eastern Pkwy & Union St）
🚇 ②③④⑤ Franklin Ave Ⓢ Botanic Garden
☎ 347-350-8899
🕐 月-金17:00-
　土日10:00-（閉店時間は24:00-2:00頃）
💲 カクテル $12-、ケーキ $6-
www.butterandscotch.com

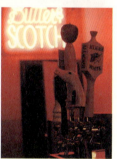

COLUMN　ついに抹茶専門店Cha Cha Matcha（チャチャ・マッチャ）が出現

　リラックス効果があるテアニンに富み、集中力が増し、息も爽やかなままカフェインを摂取できる飲み物って？　はい、答えは抹茶。USの抹茶ブームが進んでラテン風の「チャチャ」と引っ掛けた専門店が登場。マンハッタンに3軒、LAのウェスト・ハリウッドにも進出している。ミルク入りのラテ風もあるが、私は甘くないアイス抹茶をチョイス。すっきりして美味、たしかにコーヒー代わりとして「アリ」だった。

[BK] Williamsburg

BROOKLYN BREWERY
ブルックリン・ブリューワリー

ビール工場で出来たてのビールを

　ニューヨークでもっとも有名な地ビールが、ブルックリン・ブリューワリー。ウィリアムズバーグの工場内にあるテイスティング・ルームは、ビール好きには遊園地並みに気分が上がるスポットだ。金曜の夜は一杯5ドルのビールを求めて列ができ、土日は昼間から無料のツアーに参加する人でにぎわう。おすすめは、月～木曜の夕方5時にスタートする2時間のスモールバッチ・ツアー。有名な「I♡NY」のフォントとロゴを考案したミルトン・グレーザーに、一生分のビールと引き換えにロゴのデザインを承諾させた話を聞き、ビールの原材料に実際に触れてから、工場に入って機械を仰ぐ。英語が不得手でも楽しめるし、試飲に使うグラスももらえて至れり尽くせり。ギフトショップでは、おみやげ向きのTシャツやコップ、栓抜きが買える。

試飲グラスは、ドイツの有名グラスメーカー、シュピゲラウ製。

MAP P166 ❻
🏠 79 N 11 St (bet Wythe Ave & Berry St)
🚇 (L)Bedford Ave
📞 718-486-7422
🕐 月～木17:00-19:30
　（スモールバッチ・ツアー、要予約）
　金18:00-23:00、土12:00-20:00
　日12:00-18:00（無料のツアーあり）
💲 ビール $5-
　スモールバッチ・ツアー $16-
brooklynbrewery.com

MAP P165 36

🏠 733 Fulton St
　(bet S Elliott Pl & S Portland Ave)
🚇 ⓖFulton St ⓒLafayette Ave
☎ 718-935-0300
🕐 月-金11:00-24:00（金-2:00）
　土10:00-2:00、日10:00-22:00
💲 ビール $7-、食事 $8-28
www.blackforestbrooklyn.com

[BK] Fort Greene

BLACK FOREST
ブラック・フォレスト

バークレー・センターに行くついでに立ち寄りたい。

クリーン&アットホームなドイツ風ビアガーデン

　ドイツの同じ町出身で、ブルックリンで出会った夫婦がオープンしたビアガーデン。本場仕込みのソーセージやザワークラウトをつまみに、17種類ある生ビールが飲める。ビールは小さいサイズでも500mlで、長靴形のグラスにいたっては2リットル入り。おすすめのフードは、4種類のソーセージとポテトやケールなどのサラダ4種類のセット。日中から夕方は子連れの人も多い。

[BK] Prospect Heights

WOODWORK ウッドワーク

ブルックリンのサッカー・ファンが集まるスポーツ・バー

　旅行中に応援しているスポーツ・チームの試合があったら、スポーツ・バーを訪れよう。プロスペクト・ハイツにあるウッドワークは、珍しくサッカーに力を入れているスポーツ・バー。試合が重なったら違う画面で見せてくれ、スケジュールもウェブサイトに出ている。ビールを5本頼むと1本おまけになるなど、お酒の値段も良心的だ。

MAP P165 19

🏠 583 Vanderbilt Ave (bet Pacific & Dean Sts)
🚇 ②③④⑤ⒷⒹⓆⓃⓇAtlantic Ave ⒸClinton-Washington
☎ 718-857-5777
🕐 月-金14:00-2:00（ハッピーアワー 16:00-19:00）
　土日8:00-2:00（営業時間は試合のスケジュールで微動する）
💲 ビール $4- ※ハッピーアワー有
www.woodworkbk.com

コラム（P145）に登場するビールのカクテル、アングリーボール。

[MH] Chelsea

GALLOW GREEN
ギャロウ・グリーン

MAP P160 ㉖
🏠 542 W 27 St (bet 10 & 11 Aves)
🚇 ①28 St ⓒⓔ23 St
📞 212-564-1662
🕐 月–金17:00–23:00（金–1:00）
　土11:30–1:00、日11:30–23:00
💲 カクテル $17–
www.mckittrickhotel.com

廃墟ホテルの屋上にあるロマンティックなバー

　空中公園ハイライン沿いに、とびきりロマンティックでちょっぴり怖いルーフトップ・バーがある。怖い理由は、本体のマッキトリック・ホテルが1939年に贅を尽くしたホテルとして完成したものの、第2次世界大戦が勃発して開業できず、70年間も打ち捨てられていたから。2011年にシェイクスピアの体験型ミュージカル『スリープ・ノー・モア』の舞台と、レストラン&バーとしてオープン。造りものではないレトロな佇まいがアート好きを刺激し、春と夏だけに開放されるルーフトップ・バーのギャロウ・グリーンは平日でも列ができる。薄暗いエレベーターで最上階まで上がると、花が咲き乱れるバーに出てハドソン川が見える。『秘密の花園』や『不思議の国のアリス』を思い起こす、文学的な空間だ。ライ・ウィスキーをルイボス・ティーで割ったカクテルなど、メニューも面白い。週末はブッフェ・スタイルのブランチ（45ドル）を提供。

昔の線路が敷かれるなど、仕掛けがたくさん。

148　Chapter9　絶対安全 夜遊びガイド

[MH] Midtown
TOP OF THE STRAND
トップ・オブ・ザ・ストランド

エンパイアの真下にあるルーフトップ・バー

　ストランド・ホテルの21階にあるこぢんまりしたルーフトップ・バー。ミッドタウンらしくビジネスマンが多いが、カジュアルな雰囲気なので気軽に立ち寄れる。日が暮れると、間近でライトアップされたエンパイア・ステート・ビルディングが見えて、ニューヨークにいる気分をもり立てる。バーカウンター周りは屋根があるので雨天でもオープンしている。

MAP P161 24
- 33 W 37 St (5 & 6 Aves)
- BDFM 42 St 4567S 42 St Grand Central
- 646-368-6416
- 日月17:00-24:00、火-土17:00-1:00
- カクテル $12~
- www.topofthestrand.com

仕事の帰りに立ち寄るビジネスマン多数。

[MH] Midtown
THE TIMES SQURE EDITIONE
ザ・タイムズスクエア・エディション

植物園みたいなバーから摩天楼を見下ろす

　「ライフスタイル・ホテル」とのコンセプトを打ち出した、イアン・シュレガーが手がけている、マリオットグループの最高級ホテルのエディションがタイムズスクエアにオープンし、話題を集めている。緑に囲まれたテラス＆ガーデンは、木々の向こうにネオンの看板がのぞく不思議な空間だ。ブロードウェイ観劇の帰り、おしゃれをして立ち寄りたい。

MAP P160 3
- 701 7th Ave (bet 47 & 48 Sts)
- NR 49 St
- 212-398-7017
- www.editionhotels.com/times-square

色遣いが楽しい、ロブスターのラビオリ。

MAP P158 ㉓
131 W. 3rd St
Ⓦ 4th
212-475-8592
20:00/22:30の入れ替え制
　サンデーブランチは11:30/13:00
$$$
www.bluenotejazz.com/newyork

[MH] Greenwich Village

BLUE NOTE NEW YORK
ブルーノート・ニューヨーク

王道ブルーノートの愉しみ方

　ブルーノートでお酒を傾けながら、ジャズのライヴと食事を堪能する。NY観光の王道であり、耳と胃袋を同時に満足させられる点において、滞在期間が短い場合はベストチョイスだ。トランペットのクリス・ボッティや日本でも大人気のロバート・グラスパーなどの人気アクトはチケットを予約したほうがいいものの、開店時間の少し前に並べば先着順で席に案内してもらえるシステムもありがたい。食事は王道のアメリカン・フード。ボリューミーな肉料理はシェアしてもいいし、イカスミを練り込んだロブスター・ラビオリと、贅沢に蟹を使ったクラブケーキが珍しくておすすめ。トップクラスのバーテンダーが作るカクテルはどれも美味。お酒が苦手な人にはノンアルコールのストロベリー・ミント・レモネードが味わい深くていい。

[MH] Midtown
SONY HALL
ソニーホール

ぜひ来日してほしいステファニーズ・チャイルド。

歴史あるナイトクラブが最新の音響技術で蘇る

　ブロードウェイ・ミュージカル以外にも、夜のタイムズスクエアを楽しむ方法はある。この界隈でも最古のホテルのひとつであるパラマウント・ホテルの地下1階が、2018年にソニーホールとして生まれ変わり、毎晩のようにライヴやショーを提供しているのだ。1930年代には、ナイトクラブのビリー・ローゼズ・ダイアモンド・ホースシューとして一時代を築いた聖地。その歴史を壊さず、最新の音響環境を備えたヴェニューに生まれ変わった。強めのカクテルと正統派のアメリカン・フードを楽しみながらパフォーマンスを観ていると、映画のワンシーンに紛れ込んだような気分になれる。名前の通り、ソニーがスポンサーをしているため、日本のアーティストも定期的に出演するのもうれしい。

MAP P160 ㊴
235 W46 St. (bet Broadway &8th Ave)
Ⓝ Ⓡ 49 St
212-997-51123 (Box Office)
イベントによって異なる
$$$
www.sonyhall.com

MAP別：エリア紹介

MANHATTAN   マンハッタン

MAP A

EAST VILLAGE
LOWER EAST SIDE
CHINATOWN

イースト・ビレッジ
ローワー・イーストサイド／チャイナタウン

　14丁目から南が、マンハッタンのダウンタウン。フィフス・アベニューを境に住所ごと東西に分かれ、個性も変わってくる。ユニオン・スクエアの東南に広がるイースト・ビレッジは、作家やアーティストなどが集まったボヘミアン文化が栄えたエリアだ。その名残でいまでも夜が長く、遅くまで店が開いている。セント・マークス・プレースを中心に、日系の店が多いことでも知られる。さらに南にあるローワー・イーストサイドは、もともと職人気質のユダヤ系とラテン系の移民が多かった。そのまま、エッジの効いた小さな店が集まるおしゃれエリアに成長して、昔ながらの店と最先端の店が混在して興味深い。この2つのエリアは、レストランやバーも話題の店が集中しているため、本書でも多く取り上げた。漢字の看板に切り替わったら、お財布に優しいチャイナタウンだ。

MAP B

SOHO
WEST VILLAGE
CHELSEA / UNION SQUARE

ソーホー／ウエスト・ビレッジ
チェルシー／ユニオン・スクエア周辺

　ダウンタウンの西側はグリニッジ・ビレッジとウエスト・ビレッジ、ソーホーが連なる。5番街と並ぶショッピング・エリアのソーホーが有名だが、その西のウエスト・ビレッジも街並みが美しいため、よく映画の舞台になっている。その北に位置するチェルシーは、もともとギャラリーの多い芸術的な地区だった。チェルシーの中でも、チェルシー・マーケットと空中公園ハイラインの周辺は、食肉工場があったことからミートパッキング・ディストリクトと呼ばれ、まずクラブやバーなど夜遊びスポットとして人気を博したのち、一流ブランドが進出して様変わりした。先ごろ、ホイットニー美術館が移転したばかり。東西を分ける公園、ユニオン・スクエアとすぐ南のグリニッジ・ビレッジはニューヨーク大学（NYU）があり活気がある。

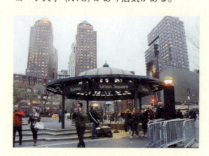

MAP C

MIDTOWN
ミッドタウン

　14丁目からセントラル・パークの南端の57丁目までが、広義でミッドタウン。その中に前述のチェルシーやフラット・アイアン、ヘルズ・キッチンといったエリアがあるが、本書では広く浸透しているもの以外はミッドタウンで統一した。グランド・セントラル駅にエンパイア・ステート・ビルディング、マディソン・スクエア・ガーデン、タイムズスクエアなど観光名所のほか、国連やロックフェラー・センターなど政治、商業の重要な建物があり、摩天楼を形作っている。実用一辺倒か観光客目当ての、値段のわりに味が今ひとつのレストランが多かったが、フードホールがあちこちにでき、サンドイッチやラーメンなどランチ主体の美味しい店が増えた。ミュージカルの開演時間に合わせてプリフィクスと呼ばれるコースを用意しているレストランも多い。

MAP D

UPTOWN
(UPPER EAST / UPPER WEST / HARLEM)

アップタウン（アッパーイースト／
アッパーウエスト／ハーレム）

　59丁目から北がアップタウン。アメリカの中でも超がつく高級住宅地のアッパーイーストのすぐ上に、ブラック・カルチャーのメッカであるハーレムが広がっていてニューヨークのダイナミズムを感じる。セントラル・パークの東が、メトロポリタンやグッゲンハイムなど美術館があるアッパーイースト。バーニーズやブルーミングデールなどのデパートを中心とした高級ショッピング街もある。西側のアッパーウエスト・サイドは、コンサート・ホールのリンカーン・センターとビーコン・シアターがあり、音楽愛好家になじみのあるエリアだ。数々の文学作品に登場する自然史博物館もある。セントラル・パークの北がハーレム。ハーレム周辺にも細かいエリアがあるが、レストランは再開発が進む125丁目周辺が行きやすい。

| MAP別：エリア紹介

BROOKLYN
ブルックリン

MAP E

DOWNTOWN BROOKLYN &NEIGHBORHOODS
ダウンタウンブルックリン & ネイバーフッド

　区役所があるダウンタウン・ブルックリンを挟んで西に高級住宅街のブルックリン・ハイツ、東にヒップホップ寄りの商店街であるフルトン・モールとアトランティック・モール、スタジアムのバークレー・センターと、新旧の観光スポットがひしめき合う。細かく分かれているエリアそれぞれに個性があり、レストラン激戦区でもある。移動に便利なターミナル駅を擁したアトランティック・モールを中心に、往復1時間を目安にしてアトランティック・アベニューなら西のコブル・ヒル方面、フラットブッシュなら南のプロスペクト・パーク方面、フルトン・ストリートなら東のフォート・グリーン方面に歩いて戻るコースがお勧めだ。住人によって雰囲気が変わるのを肌で感じられるし、食事でもスイーツでも必ず美味しい店があって食べ歩きができる。

MAP F

WILLIAMSBURG GREENPOINT
ウィリアムバーグ／グリーンポイント

　ブルックリン・ブームの火付け役となったエリア。マンハッタンからウィリアムバーグ橋を渡ってすぐ、Lトレインで1駅という立地の良さからファッションやアートに敏感な若者がまず移り住んで、それから小金持ちが増えるジェントリフィケーション（高級化）の王道コースを突き進んだ。敬虔なユダヤ系住人とヒップスターが共存し、食文化でも先を進んでいる。ハーレムと並んで広いエリアでもあるので、土地勘がない場合は目当ての観光スポットなりレストランを決めて、その道すがら散策すると、住宅街で迷わない。その北にあるグリーンポイントは、ポーランドからの移民が多く住むエリア。ウィリアムバーグ人気の煽りを受けて面白いレストランやバーが増え、やはり隣接しているブッシュウィックと並んで注目されている。

MTA SUBWAY GUIDE

ニューヨーク 地下鉄乗り方ガイド

🚈 アンリミテッドか、ペイ・パー・ライドか?

　ニューヨークの魅力として、車社会のアメリカにおいて地下鉄(サブウェイ)とバスで目的地に行けるのは大きい。切符はメトロカードといい、1回分3ドルの白いカードもあるが、プリペイドの黄色いカードが断然、便利だ。旅行中、33ドルで1週間乗り放題のアンリミテッド(unlimited)を買うか、まず20ドル課金して使うたびに残高が表示されるペイ・パー・ライド(pay-per-ride)にするかが、悩ましい。滞在日数がほぼ7日間ならアンリミテッドが得だが、日数が合わない場合と、気候がいい時期でガンガン歩きたい派ならペイ・パー・ライドの方が、無駄が出ない。こちらの長所は、10ドル以上課金すると7%増しになる、2時間以内にバスを利用するなら乗り換えが無料になる、二人以上で移動するときに共有もできる、などだ。

🚌 地下鉄の弱点はバスで補う

　バスが地下鉄より有利なのは、マンハッタンを東西に横切りたい場合。地下鉄は14丁目(14ストリート)を走るLトレインと42丁目を横切るシャトル以外は基本的に南北に走っている。それ以外のエリアにいる場合は、1丁目の一つ南にあるハウストン、23丁目、32丁目、57丁目の広めのストリートを東西に横切る、クロスタウン(cross town)と表示されたバスにしよう。14丁目と42丁目もクロスタウンのバスが走っている。マンハッタンからブルックリンまで走っているバスはなく、地下鉄で移動するのが基本だ。ブルックリンもバスが地下鉄の駅がない場所を補っているので、まずは駅で路線図を手に入れよう。

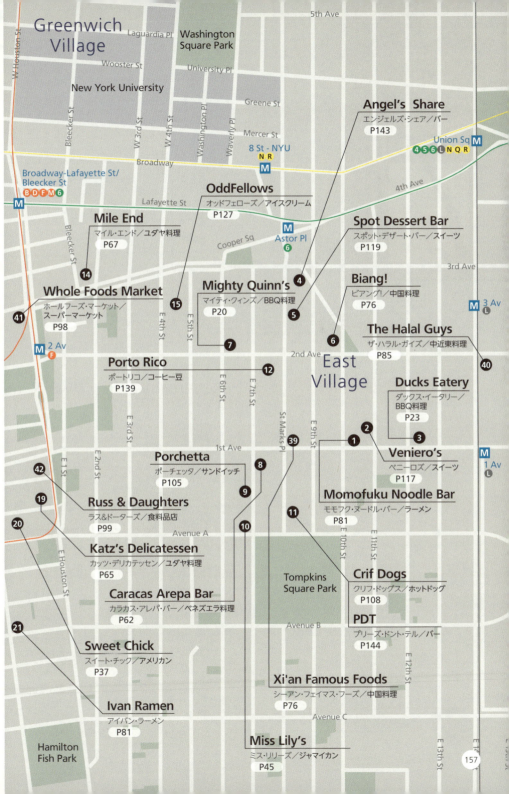

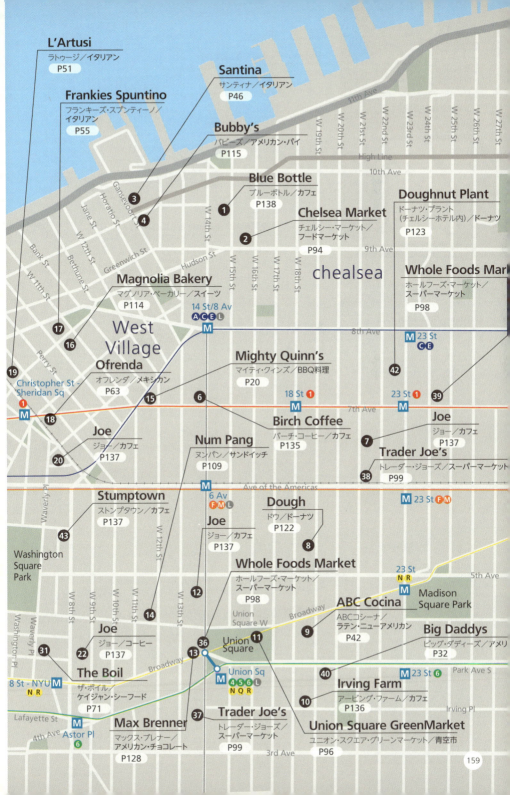

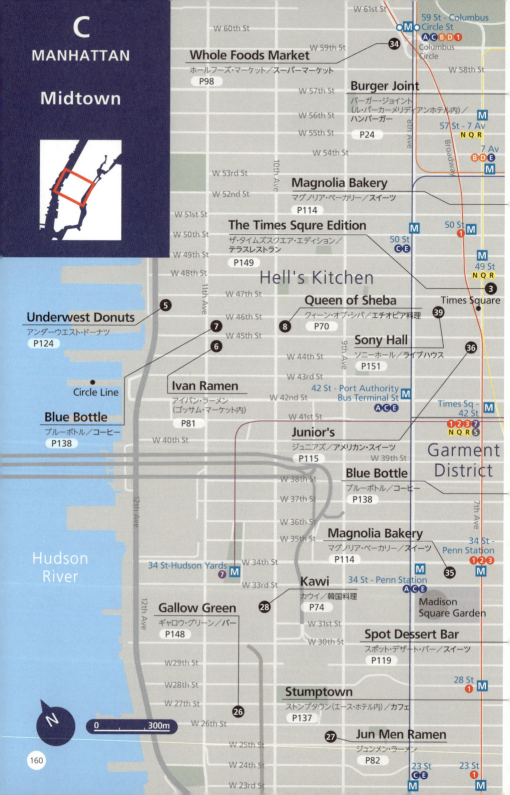

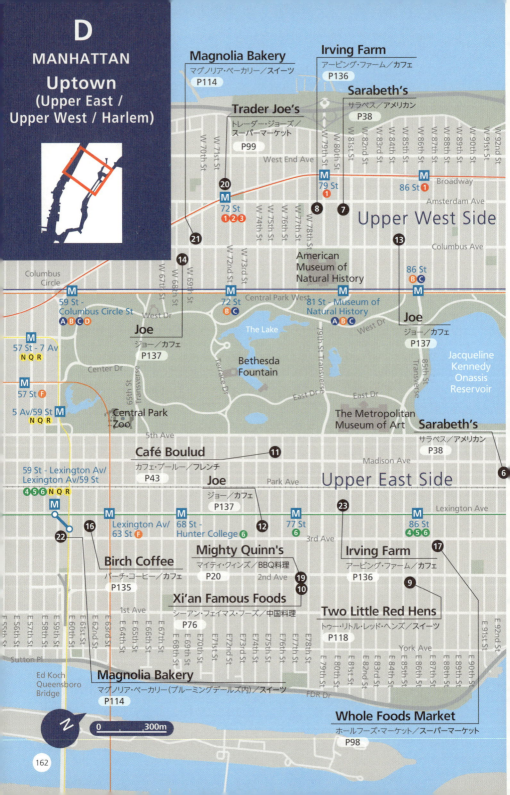

Hudson River

Xi'an Famou Foods
シーアン・フェイマス・フーズ／中国料理
P76

Dinosaur Bar-B-Que
ダイナソー・バーベキュー／BBQ料理
P21
1

Henry Hudson Pkwy

Riverside Dr
Claremont Ave

W 93rd St W 94th St W 95th St W 96th St W 97th St W 98th St W 99th St W 100th St W 101st St W 104th St W 105th St W 106th St W 107th St W 108th St W 109th St W 110th St

Cathedral Parkway – 110th St 1 M
116 St – Columbia University 1 M
Broadway
125 St M 1

5 M 96 St 1 2 3
M 103 St 1

3
Joe
ジョー／カフェ
P137

Amsterdam Ave

Birch Coffee
バーチ・コーヒー／カフェ
P135

Melba's
メルバズ／アメリカン
P33

Morningside Dr
Morningside Ave

15 18
Columbus Ave

96 St B C M
103 St B C M
Frederick Douglass Cir
4
Manhattan Ave

125 St A C D B M

Central Park West
Cathedral Pkwy (110 St) B C M
116 St B C M
Frederick Douglass Blvd

Harlem

Whole Foods Market
ホールフーズ・マーケット／スーパーマーケット
P98

97th St Transverse

102nd St Crossing

Adam Clayton Powell Jr Blvd
W 111th St W 112th St W 113th St W 114th St W 115th St W 116th St W 117th St W 118th St W 119th St W 120th St W 121st St W 122nd St W 123rd St W 124th St W 125th St W 126th St W 127th St W 128th St W 129th St W 130th St

East Dr

Central Park North(110 St) M 2 3
116 St M 2 3
Malcolm X Blvd(Lenox Ave)
125 St 2 3 M
2

Duke Ellington Circle
5th Ave
Mt Morris Park W

Red Rooster
レッド・ルースター／アメリカン
P44

Madison Ave

Dr Martin Luther King Jr Blvd (E 123th St)

Park Ave
Lexington Ave

96 St M 6
103 St M 6
110 St M 6
116 St M 6
125 St M 4 5 6
3rd Ave

E 93rd St E 94th St E 95th St E 96th St E 97th St E 98th St E 99th St E 100th St E 101st St E 102nd St E 103rd St E 104th St E 105th St E 106th St E 107th St E 108th St E 109th St E 110th St E 111th St E 112th St E 113th St E 114th St E 115th St E 116th St E 117th St E 118th St E 119th St E 120th St E 121st St E 122nd St E 123rd St E 124th St

2nd Ave
1st Ave
Pleasant Ave
Paladino Ave

Harlem River

163

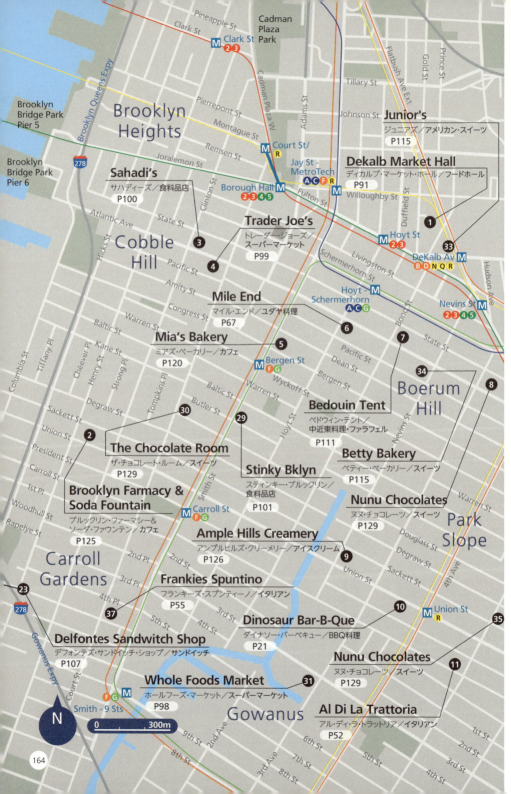

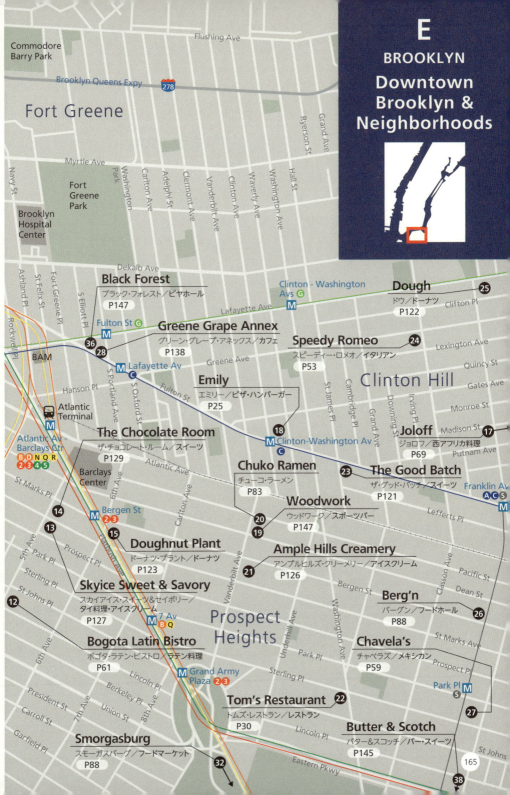

おわりに――ごちそうさまでした

テーマごとに食事ができる店を75、カフェやバーを40ほど紹介してきましたが、いかがだったでしょうか？ 食のレベルが急に上がったニューヨークの「right now（たったいま）」をギュッと詰め込んでみました。選択肢はたくさんありますが、ニューヨークははっきりと勝者がいる街です。取材してから本が出来上がるまでの3、4カ月の間に、取り上げた店のうち5軒もが新しい店舗をオープンして、驚きました。自分の好みや思い入れはひとまず置いて、権威あるメディアのレビューから、アメリカ人のネットの書き込みまで読みまくって取材する店を絞った甲斐があったと、ホッとしたのが本音です。街中で行列になっている店をメモして、裏を取ってから向かったケースも。取材中、店の人やお客さんに「ほかはどこが美味しかった？」と聞かれたり、逆にフーディーを自認する人がおすすめ情報を教えてくれたりしたのも、いい思い出です。

実は、私の得意分野は音楽、それも洋楽です。すんなりと入らない英語の歌詞や、アーティストの存在を身近に感じてもらえたら、と思って書いています。このガイドブックも切り口は同じ。私が大好きなニューヨークを、食を通じて身近に感じて頂けたら、本望です。

最後に、この本に協力してくださった全員の方々へ深く、御礼を申し上げます。
Thank you to everyone who supported me for this project

池城美菜子
Minako Ikeshiro

池城美菜子　Minako Ikeshiro

98年よりニューヨークでフリーランス・ライターとして活動する。音楽誌を中心に、アーバン系のアーティストのインタビューやコラムを寄稿。CDのライナーノーツ、歌詞対訳、映画の字幕監修を手がける。著書に『ディ・レゲエ・ブック』（シンコー・ミュージック刊）、『まるごとジャマイカ体感ガイド』（スペースシャワー・ネットワーク刊）、翻訳『How To Rap-104人のラッパーが教えるラップの神髄』（同）。本書執筆で肥えた舌と体重をどう戻すかが目下の課題。Twitter：@minakodiwriter

ブックデザイン：アルビレオ
写真：柳川詩乃（P2-4、P145、P167）
　　　池城美菜子
イラスト：藤井友子
地図製作：小林哲也
編集協力：田村理恵
　　　　　出口樹孝
編集：廣瀬萌詩（カンゼン）

ニューヨーク・フーディー

NEW YORK FOODIE

マンハッタン&ブルックリン レストランガイド

発行日　2016年8月25日　初版
　　　　2020年1月24日　第2版発行
著　者　池城美菜子
発行人　坪井義哉
発行所　株式会社カンゼン
　　　　〒101-0021
　　　　東京都千代田区外神田2-7-1 開花ビル
　　　　TEL 03（5295）7723
　　　　FAX 03（5295）7725
　　　　http://www.kanzen.jp/
　　　　郵便振替　00150-7-130339
印刷・製本　株式会社シナノ

万一、落丁、乱丁などがありましたら、お取り替え致します。
本書の写真、記事、データの無断転載、複写、放映は、
著作権の侵害となり、禁じております。
©Minako Ikeshiro 2016
ISBN 978-4-86255-354-6　Printed in Japan
定価はカバーに表示してあります。

ご意見、ご感想に関しましては、kanso@kanzen.jpまで
Eメールにてお寄せ下さい。お待ちしております。

※本書に掲載している情報は2016年6月現在のものです。
お店のデータや料金など、掲載内容が変更される場合もございます。

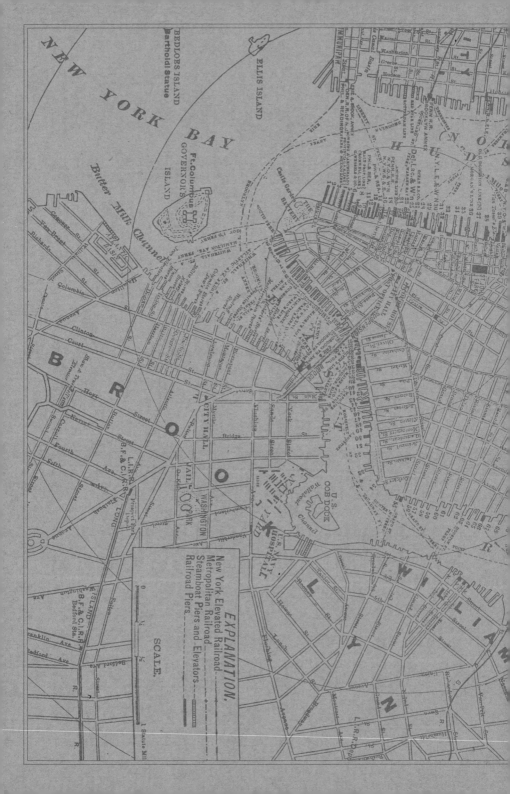